Arte Brasileira para Crianças

100 ARTISTAS E ATIVIDADES PARA VOCÊ BRINCAR

Isabel Diegues
Márcia Fortes
Mini Kerti
Priscila Lopes

Ilustração
Juliana Montenegro

SUMÁRIO

COMO USAR ESTE LIVRO — 6	CHELPA FERRO — 56
	CILDO MEIRELES — 58
ABRAHAM PALATNIK — 8	CRISTINA CANALE — 60
ADRIANA VAREJÃO — 10	DANIEL SENISE — 62
ALEX CERVENY — 12	DUDI MAIA ROSA — 64
ALEX VALLAURI — 14	EDGARD DE SOUZA — 66
ALEXANDRE DA CUNHA — 16	EFRAIN ALMEIDA — 68
ALFREDO VOLPI — 18	EMMANUEL NASSAR — 70
AMILCAR DE CASTRO — 20	ERIKA VERZUTTI — 72
ANGELO VENOSA — 22	ERNESTO NETO — 74
ANITA MALFATTI — 24	FERNANDA GOMES — 76
ANNA BELLA GEIGER — 26	FLÁVIO DE CARVALHO — 78
ANNA MARIA MAIOLINO — 28	FRANZ WEISSMANN — 80
ANTONIO DIAS — 30	GERALDO DE BARROS — 82
ANTONIO MANUEL — 32	GILVAN SAMICO — 84
ARTHUR BISPO DO ROSÁRIO — 34	GUIGNARD — 86
ATHOS BULCÃO — 36	GUTO LACAZ — 88
BARRÃO — 38	HÉLIO OITICICA — 90
BEATRIZ MILHAZES — 40	IBERÊ CAMARGO — 92
CABELO — 42	IOLE DE FREITAS — 94
CAETANO DE ALMEIDA — 44	IRAN DO ESPÍRITO SANTO — 96
CANDIDO PORTINARI — 46	IVAN SERPA — 98
CAO GUIMARÃES — 48	IVENS MACHADO — 100
CARLITO CARVALHOSA — 50	JAC LEIRNER — 102
CARLOS VERGARA — 52	JANAINA TSCHÄPE — 104
CARYBÉ — 54	JARBAS LOPES — 106

JONATHAS DE ANDRADE 108	NUNO RAMOS 160
JOSÉ BECHARA 110	PAULO BRUSCKY 162
JOSÉ DAMASCENO 112	PAULO MONTEIRO 164
JOSÉ PATRÍCIO 114	PAULO PASTA 166
JOSÉ RESENDE 116	RAUL MOURÃO 168
JOSÉ RUFINO 118	RAYMUNDO COLARES 170
LAURA LIMA 120	REGINA SILVEIRA 172
LAURA VINCI 122	RIVANE NEUENSCHWANDER ... 174
LEDA CATUNDA 124	ROBERTO BURLE MARX 176
LENORA DE BARROS 126	RODRIGO ANDRADE 178
LEONILSON 128	ROSÂNGELA RENNÓ 180
LUCIA KOCH 130	RUBENS GERCHMAN 182
LUCIA LAGUNA 132	SANDRA CINTO 184
LUIZ ZERBINI 134	SERGIO CAMARGO 186
LYGIA CLARK 136	SERGIO ROMAGNOLO 188
LYGIA PAPE 138	SÉRGIO SISTER 190
MARCELO CIDADE 140	TARSILA DO AMARAL 192
MARCIUS GALAN 142	TUNGA 194
MARCOS CHAVES 144	VALESKA SOARES 196
MAREPE 146	VICTOR BRECHERET 198
MARIA MARTINS 148	VIK MUNIZ 200
MARIO CRAVO NETO 150	WALTERCIO CALDAS 202
MAURO RESTIFFE 152	WESLEY DUKE LEE 204
MIGUEL RIO BRANCO 154	WILLYS DE CASTRO 206
MILTON DA COSTA 156	
NELSON LEIRNER 158	GLOSSÁRIO 208

COMO USAR ESTE LIVRO

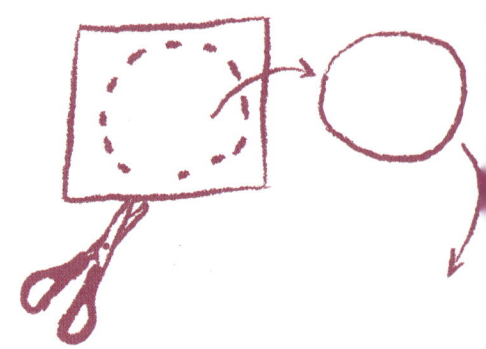

Antes de começar a fazer as atividades do livro, leia estas instruções. Depois, é só juntar os materiais e começar a brincadeira.

Você alguma vez se perguntou como uma obra de arte foi feita? De onde surgem as ideias que inspiram os artistas a criar objetos, imagens e acontecimentos que nos prendem a atenção e cutucam nossa curiosidade? Já sabemos que a obra de arte é a inspiração de alguém transformada em algo que pode nos emocionar, nos prender o olhar e o pensamento. Pode ser uma paisagem numa fotografia; uma pintura supercolorida; um retrato engraçado; uma obra com tecidos que só está completa quando alguém a veste; ou, ainda, uma escultura geométrica.

Você já deve ter ouvido falar que, durante o século XX, o mundo passou por mudanças radicais que refletiram nas artes e em todos os aspectos da vida social. A arte conquistou novas tecnologias, criou linguagens de vanguarda, deixou de ser apenas um objeto de contemplação para se tornar também uma experiência que envolve o espectador. Assim como não há regras ditando *como fazer uma obra de arte*, não há regras para *como ver uma obra de arte*. O ideal é manter-se livre de preconceitos e julgamentos, e se deixar encantar pelas ideias e formas.

Este livro convida você a explorar a arte produzida no Brasil nos últimos cem anos, através de cem artistas com obras incríveis – aliás, você já deve conhecer algumas delas. A seleção final não foi fácil, diversos artistas maravilhosos ficaram de fora e obras interessantíssimas tiveram de ser descartadas, mesmo dos artistas aqui selecionados, porque o espaço de um livro é limitado – mas a imaginação e a criatividade, não.

A cada página, você vai encontrar um novo artista e um pouco de sua história. Vai conhecer uma de suas obras e, a partir dela, terá uma proposta de atividade com um passo a passo ilustrado. Assim, você poderá experimentar diferentes maneiras de fazer arte.

Agora, atenção! Algumas atividades precisam da autorização de um adulto responsável — você vai encontrar um selo indicando cada uma delas. Por exemplo, há atividades em que você precisará de ovos cozidos ou de muitos lençóis e travesseiros. E há casos em que será necessária a permissão para usar o espaço sugerido da casa ou da escola. Há ainda situações em que você vai convidar um adulto a te levar a um lugar diferente, como a um ferro-velho.

Alguns materiais mais comuns, como tecidos, fitas, isopor e papéis, você poderá já ter em casa ou encontrar facilmente em papelarias e supermercados. Outros, como relógios e gravadores, devem ser pedidos a um adulto. E todo cuidado é pouco na hora de manusear certas ferramentas ou objetos, que só devem ser usados com um adulto responsável. E se você não sente segurança com a tesoura, não hesite em chamar alguém para ajudar!

Algumas atividades serão mais divertidas com um ou mais amigos. Vocês podem até compartilhar o mesmo livro. Passe adiante essa inspiração. Outras dicas: vale a pena usar uma camisa velha ou um avental para se sujar à vontade, e encontrar um lugar adequado para fazer sua atividade. Afinal, alguns materiais podem estragar a mesa de jantar, ou o piso de sua casa, por isso não se esqueça de forrar bem o local. E, claro, no final, limpe e guarde tudo nos devidos lugares. Assim, você garante que receberá somente elogios!

A variedade das atividades é riquíssima, e você não precisa seguir a ordem do livro. Pode pular um artista, repetir outro, reinventar a atividade sugerida com outros materiais e cores que achar interessantes. Se alguma palavra for estranha a você, vá até o fim do livro onde um divertido glossário descreve o significado de muitos termos usados nas artes e neste livro.

A arte é um exercício contínuo de liberdade e ação, portanto aqui não há qualquer sistema rígido a ser seguido. Este é um livro para você contemplar e se divertir: admire as obras, leia sobre seus criadores, pratique o *fazer-arte* com as diferentes atividades baseadas nas obras de cada artista.

Nada deve atrapalhar a sua experiência. O importante é sentir-se inspirado pelas histórias, pelas obras e pelas atividades propostas, e quem sabe você não será o próximo a entrar nesta lista de artistas!

Este livro é para usar, mesmo! Brinque à vontade! Aproveite esse estímulo e solte a sua criatividade.

ABRAHAM PALATNIK
NATAL, RN, 1928

Abraham Palatnik é um artista que sempre gostou de máquinas. Nascido no Brasil, passou a infância em Tel Aviv, onde estudou motores de explosão em uma escola técnica, e também desenho, estabelecendo, assim, suas duas paixões: arte e tecnologia. Voltou para o Brasil, onde passou a viver e trabalhar. Seus objetos cinéticos — como são chamadas algumas de suas obras de arte — são máquinas que colocam a luz, a cor e as formas geométricas em movimento constante, provocando mudanças em sua aparência, parecendo hipnotizar quem olhar fixamente para elas.

| Objeto cinético | 1966   madeira, fórmica, metais magnéticos, motor e tinta industrial   72 x 96 x 16 cm

Abraham Palatnik

PRECISA DA AUTORIZAÇÃO DE UM ADULTO

abra os relógios

ESSA ATIVIDADE É DA HORA!

VOCÊ JÁ IMAGINOU CRIAR SUA PRÓPRIA MÁQUINA COLORIDA!?

1. CONSIGA DOIS RELÓGIOS A PILHA, DAQUELES BEM BARATINHOS, QUE TENHAM O PONTEIRO DOS SEGUNDOS.

2. DESMONTE A PARTE DA FRENTE E RETIRE OS PONTEIROS E AS ARRUELAS.

3. PEGUE UMA CARTOLINA BRANCA DE QUALQUER FORMATO E ESCOLHA A MELHOR DISPOSIÇÃO PARA COLOCAR CADA UM DOS MOTORES DOS RELÓGIOS POR BAIXO DELA.

4. FAÇA PEQUENOS FUROS NOS LOCAIS ESCOLHIDOS PARA PASSAR OS PINOS DOS MOTORES POR BAIXO E REENCAIXAR OS PONTEIROS DOS SEGUNDOS NOS MOTORES.

5. COLOQUE BOLINHAS DE ISOPOR OU PAPELÃO PINTADOS NAS EXTREMIDADES DOS PONTEIROS.

6. VEJA SUA ENGENHOCA ARTÍSTICA GIRAR CORES E FORMAS PELO FUNDO BRANCO.

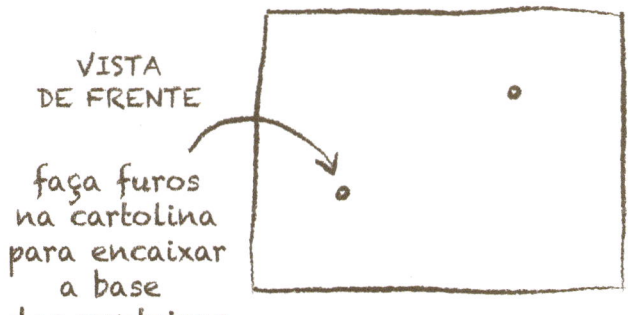

use somente os ponteiros dos segundos, eles giram mais rápido

recorte um papel e cole nos ponteiros ou use bolas de isopor e fure-as com os ponteiros

VISTA DE FRENTE

faça furos na cartolina para encaixar a base dos ponteiros

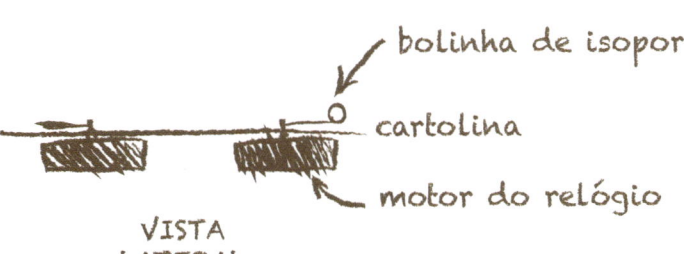

bolinha de isopor
cartolina
motor do relógio

VISTA LATERAL

ADRIANA VAREJÃO

RIO DE JANEIRO, RJ, 1964

Adriana Varejão é carioca e o mar sempre esteve muito presente em seu trabalho como um lugar de viagens e trocas culturais entre os povos. A artista se inspira nos azulejos que os portugueses deixaram em várias igrejas do Brasil, com imagens de anjos e outras formas e temas barrocos, quando ainda era colônia de Portugal. Em algumas de suas pinturas figurativas, a história do Brasil dos tempos do Império pode ser vista nos personagens do colonizador português, do índio brasileiro e do escravo africano.

| **Celacanto provoca maremoto** | 2004-2008   óleo e gesso sobre tela, políptico   184 telas   110 x 187 cm cada

QUANDO O MAR ESTÁ REVOLTO, AS ONDAS PARECEM VIR DE TODAS AS DIREÇÕES.
ESCANEIE E IMPRIMA, OU FAÇA UMA FOTOCÓPIA COLORIDA DO MODELO ABAIXO, RECORTE NAS LINHAS INDICADAS E REARRUME LIVREMENTE, INSPIRANDO-SE NA OBRA DE ARTE DA ADRIANA. CRIE SUA PRÓPRIA COMPOSIÇÃO DE ONDAS!

| Quem não chora não mama – Cry me a river | 2013
painel de azulejos   278 x 187 cm

ALEX CERVENY

SÃO PAULO, SP, 1963

Alex Cerveny cria em sua pintura um mundo bem particular de imagens e personagens, a partir de referências da história e da literatura, mas também de suas experiências pessoais, como quando foi artista de circo. As paisagens e cenas que pinta, por vezes, parecem pertencer ao mundo dos sonhos. Seus personagens podem ser cabeças flutuantes, pessoas que viram árvores e animais, deuses e figuras diabólicas que habitam cenários fantásticos, como cidades erguidas no meio de nuvens, desertos vermelhos sob céus azuis, montanhas e mares imaginários.

Alex Cerveny

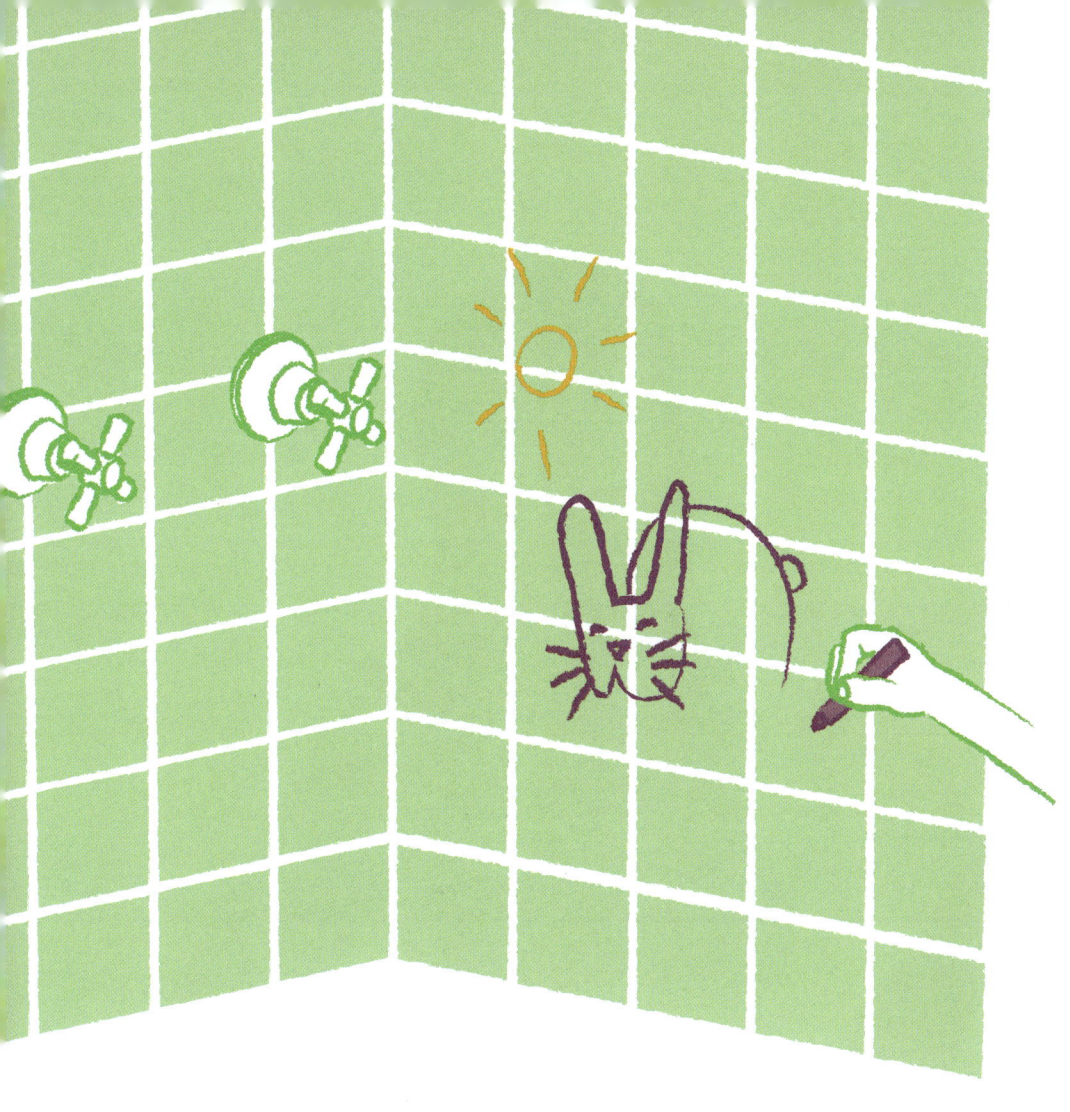

JÁ IMAGINOU ENTRAR NO CHUVEIRO E DAR DE CARA COM UM COELHO?

QUANDO VOCÊ FOR TOMAR SEU PRÓXIMO BANHO, INSPIRE-SE NA OBRA DE CERVENY E, USANDO GIZ DE CERA PARA BANHO, FAÇA NO AZULEJO DO CHUVEIRO UM DESENHO MALUCO DE UM COELHO EM UMA PAISAGEM DIVERTIDA. PERCEBA COMO ESSE COELHO ESTÁ SEMPRE DANDO UM PULINHO NO BANHEIRO.

| Sem título | déc. 1980   grafite-recorte (detalhe)   80 x 100 cm

ALEX VALLAURI
ASMARA, ETIÓPIA, 1949 | SÃO PAULO, SP, 1987

Alex Vallauri nasceu na Etiópia, mas é considerado um artista brasileiro por ter passado boa parte de sua vida no país e aqui ter criado sua obra. Ele foi um dos pioneiros do grafite no Brasil, usando os muros de São Paulo para retratar cenas e personagens urbanos, quer dizer, típicos das grandes cidades. Vallauri fazia desenhos que se repetiam pelo espaço urbano, e passaram a ser facilmente reconhecidos por todos, mesmo por aqueles que não faziam ideia de quem os havia espalhado pela cidade. Algumas de suas obras foram também estampadas em camisetas e adesivos, fazendo com que seu trabalho circulasse ainda mais pelas ruas.

Alex Vallauri

OBSERVE A OBRA AO LADO. ESTA QUE VOCÊ VÊ É A RAINHA DO FRANGO ASSADO, UMA **FIGURA CURIOSA** QUE O ARTISTA PINTOU EM DIVERSOS MUROS DE SÃO PAULO. AGORA, É A SUA VEZ DE INVENTAR UM PERSONAGEM BEM DIVERTIDO E DESENHAR COM GIZ NO MURO DA SUA CIDADE, DA SUA CASA OU DA SUA ESCOLA.

IMPORTANTE! SÓ NÃO DEIXE DE PEDIR AUTORIZAÇÃO A SEUS PAIS, PROFESSORES OU RESPONSÁVEIS ANTES DE TRANSFORMAR UM POUQUINHO DA CIDADE NUMA GRANDE TELA PARA SUA OBRA DE ARTE.

| Terracota Ebony | 2006   desentupidores, pedestal de madeira   135 x 40 x 40 cm

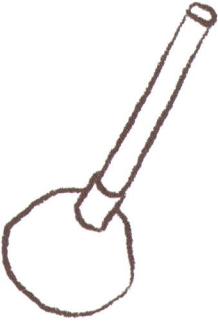

ALEXANDRE DA CUNHA
RIO DE JANEIRO, RJ, 1969

Para o escultor Alexandre da Cunha, vassouras, desentupidores de pia, guarda-sóis, toalhas, ventiladores, cadeiras de praia, chapéus e muitos outros objetos comuns podem ser transformados em obras de arte. Esse artista cria esculturas surpreendentes e divertidas usando de modo original formas e cores de utensílios e materiais que fazem parte do nosso dia a dia.

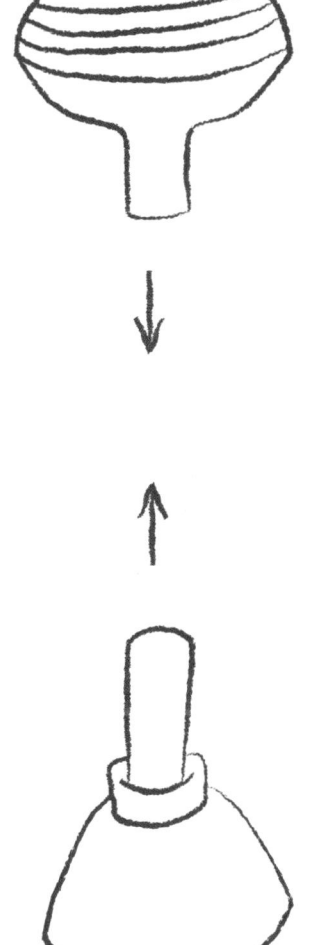

VOCÊ ACHA QUE A BORRACHA SE ENCAIXA?

ENTÃO VÁ CORRENDO JUNTAR TODOS OS DESENTUPIDORES DE PIA E BICOS DE TORNEIRA QUE ACHAR PELA FRENTE. DESCUBRA AS CONSTRUÇÕES FANTÁSTICAS QUE SURGEM DO ENCAIXE DA BORRACHA!

AH! NÃO CUSTA DAR UMA LAVADINHA COM BASTANTE ÁGUA E SABÃO NOS MATERIAIS QUE ENCONTRAR, AFINAL ELES SÃO MATERIAIS DE LIMPEZA.

ALFREDO VOLPI

LUCCA, ITÁLIA, 1896 | SÃO PAULO, SP, 1988

Alfredo Volpi nasceu na Itália, mas viveu desde criança em São Paulo. Em suas pinturas, utilizava a têmpera, uma técnica milenar, usada nos afrescos da Idade Média, em que em vez de tinta pinta-se com uma mistura de pigmento e clara de ovo. Volpi começou pintando casas, bandeirolas, estandartes, ruas, paisagens e festas populares. As bandeirinhas de festa junina são a principal marca de seu trabalho. Ao longo dos anos, sua pintura foi ficando cada vez mais abstrata, transformando-se em um jogo de formas geométricas na tela.

| Bandeirinha | 1958 têmpera sobre tela 44,2 x 22,1 cm

Alfredo Volpi

QUEM DISSE QUE AS BANDEIRAS COLORIDAS SÓ SÃO BONITAS NAS FESTAS JUNINAS? DESENHE ALGUMAS BANDEIRINHAS USANDO O MODELO ACIMA. DEPOIS PINTE, RECORTE E COLE AS BANDEIRAS SOBRE UMA BASE DE UMA SÓ COR E MONTE DO SEU MODO, COMO VOLPI FAZIA.

AMILCAR DE CASTRO
PARAISÓPOLIS, MG, 1920 | BELO HORIZONTE, MG, 2002

O artista Amilcar de Castro é conhecido por suas pesadas esculturas feitas com chapas de aço corten. Esse é um tipo de aço muito resistente, utilizado na construção de prédios de muitos andares, passarelas, pontes, viadutos, trilhos e vagões de trem. Na obra de Amilcar, essas enormes peças de aço são cortadas e "dobradas", formando grandes objetos tridimensionais. A ação do tempo na obra do artista é percebida na ferrugem que vai tomando conta de suas esculturas, deixando-as avermelhadas. Mesmo seus desenhos e gravuras também nos lembram suas esculturas, por conta de suas formas e volumes.

| **Sem título** | 1996 escultura de corte e dobra redonda em aço 50 ø x 1,2 cm

Amilcar de Castro

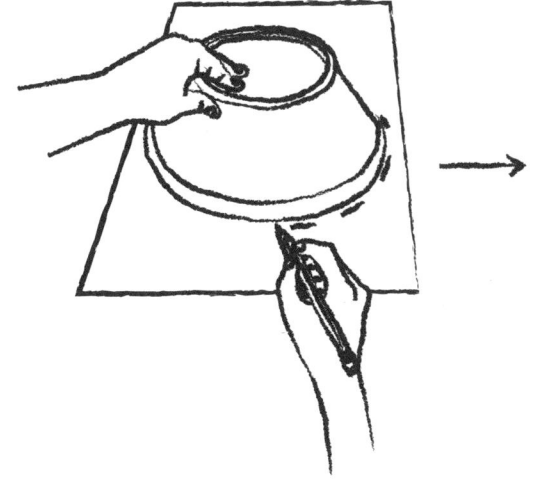

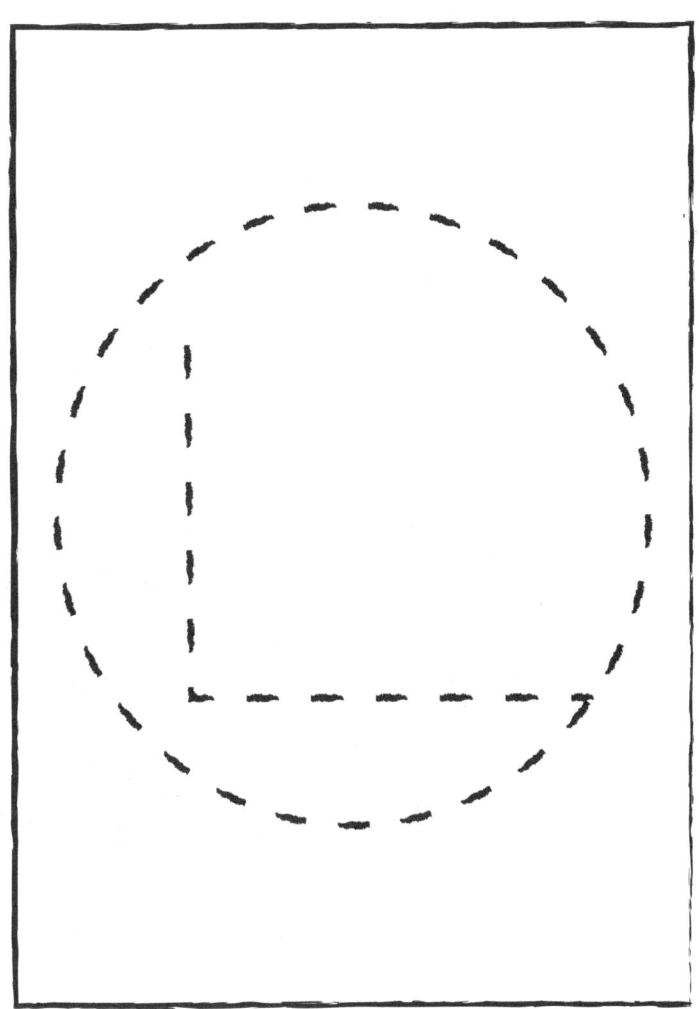

PEGUE UM PAPELÃO BEM GROSSO.
USANDO UMA CUMBUCA COM A BORDA VIRADA PARA BAIXO, PASSE O LÁPIS TRAÇANDO O CONTORNO.
DEPOIS, CORTE ESSE CÍRCULO COM UMA TESOURA.
AGORA, MARQUE COM UMA RÉGUA UM L NO CENTRO DO CÍRCULO, COMO INDICADO NO DESENHO ACIMA.
CORTE ESSE L E MONTE SUA ESCULTURA.

SERÁ QUE SUA ESCULTURA
VAI FICAR DE PÉ?

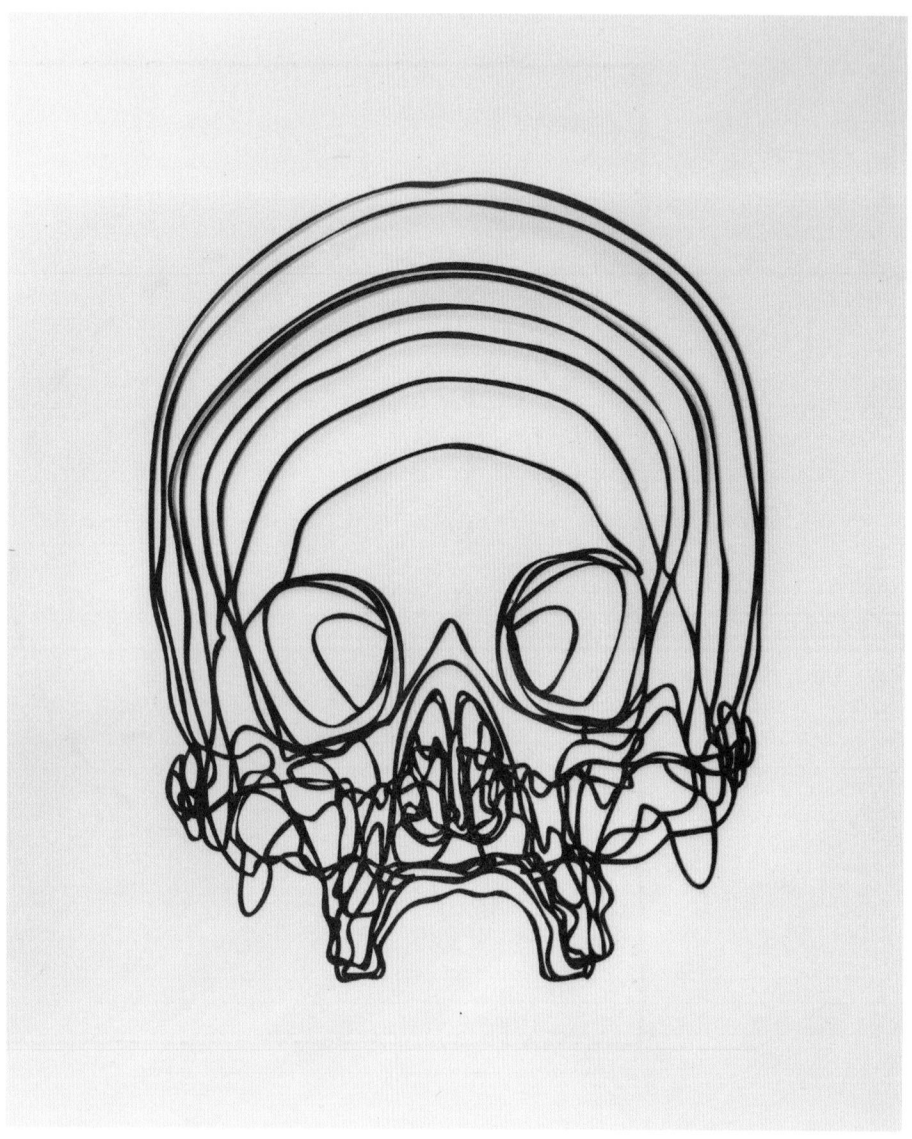

| **Sem título** | 1998   aço corten   130 x 100 x 0,2 cm

. . . .

ANGELO VENOSA

SÃO PAULO, SP, 1954

Angelo Venosa é um artista que produz esculturas de formas abstratas. Em suas obras, utiliza diferentes materiais, como dentes, ossos de animais, galhos, vidro, aço, acrílico, mármore, cobre, aço, cera, bronze e madeira. Por vezes, as formas abstratas que Venosa inventa nos lembram crânios de pássaros, esqueletos imaginários e bocas com dentes, porém sem rostos. Alguns de seus trabalhos são esculturas públicas e podem ser vistas em jardins de parques e museus pelo Brasil, como no Parque Ibirapuera e no Jardim da Luz, em São Paulo, e na praia do Leme, no Rio de Janeiro.

Angelo Venosa

JÁ PENSOU NA QUANTIDADE DE LINHAS IMAGINÁRIAS
QUE PASSAM PELA CABEÇA DAS PESSOAS?
FAÇA UMA CÓPIA DA FIGURA ACIMA, ESCANEANDO
OU FOTOGRAFANDO A IMAGEM, DEPOIS IMPRIMA
E COMPLETE A FIGURA.

| A mulher de cabelos verdes | 1915   óleo sobre tela   61 x 51 cm

ANITA MALFATTI
SÃO PAULO, SP, 1889 | SÃO PAULO, SP, 1964

Anita Malfatti foi uma artista que gerou grande polêmica em sua época, no começo do século XX. Suas pinturas, de cores vivas e pinceladas fortes, surgiram como uma grande novidade, porque em vez de descreverem a realidade como a vemos, elas tinham um sentido expressionista, retratando as emoções que os objetos e os acontecimentos provocavam na artista. O uso da cor de maneira inesperada e incomum, assim como o modo de distorcer as formas realistas, gerava a estranheza e o incômodo com seu trabalho. O que hoje nos parece tão normal era inventivo e inovador quando foi mostrado pela primeira vez. Telas como *O homem amarelo*, *A boba* e *A mulher de cabelos verdes* chegaram a ser motivo de piada, por conta de seus títulos engraçados e suas cores malucas, e hoje são obras consagradas da história da arte brasileira.

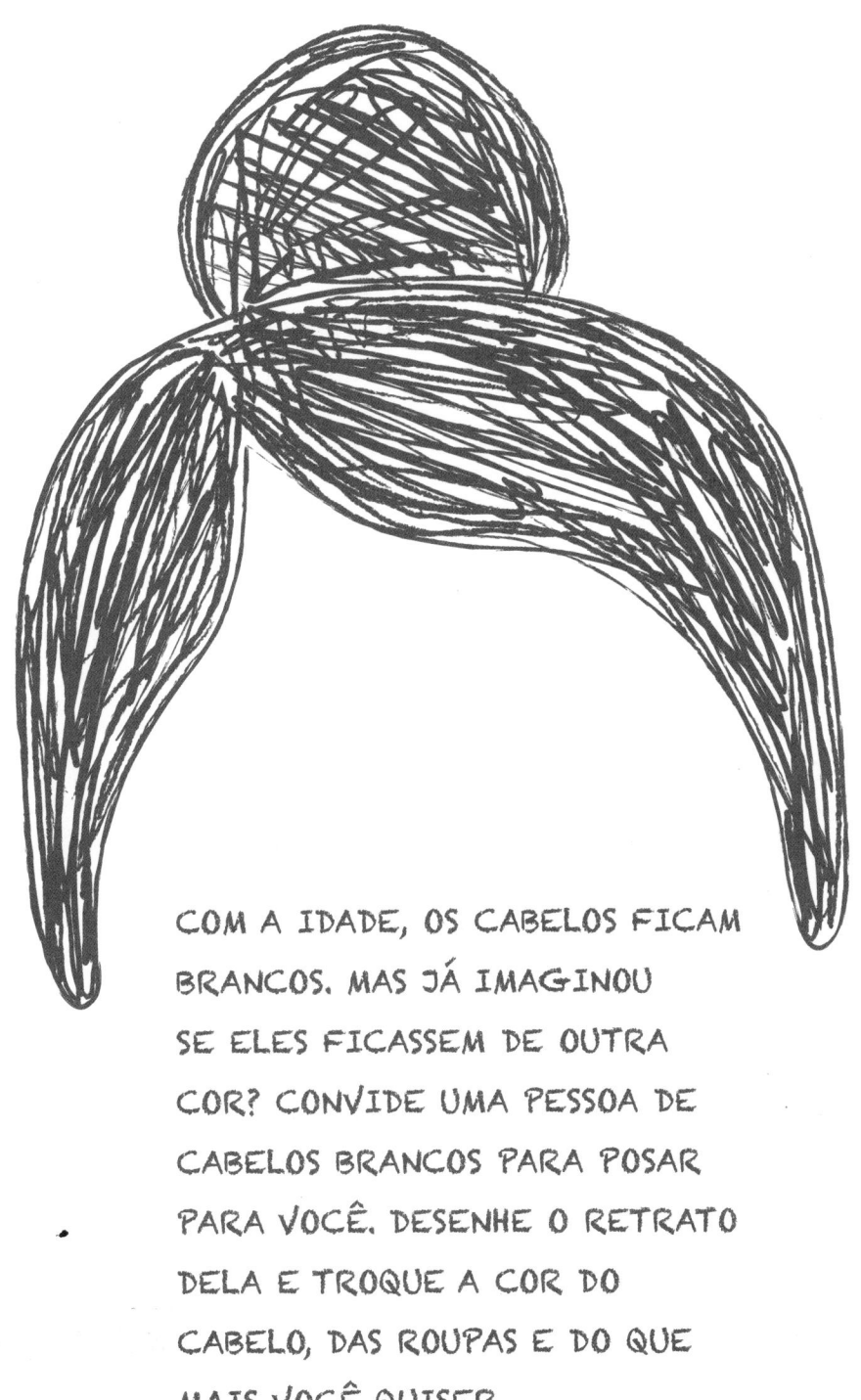

COM A IDADE, OS CABELOS FICAM BRANCOS. MAS JÁ IMAGINOU SE ELES FICASSEM DE OUTRA COR? CONVIDE UMA PESSOA DE CABELOS BRANCOS PARA POSAR PARA VOCÊ. DESENHE O RETRATO DELA E TROQUE A COR DO CABELO, DAS ROUPAS E DO QUE MAIS VOCÊ QUISER.

QUEM SABE ELA SE INSPIRA E COLORE OS CABELOS DE VERDADE?

ANNA BELLA GEIGER
RIO DE JANEIRO, RJ, 1933

Anna Bella Geiger foi pioneira na videoarte e no uso de multimídia na arte brasileira. Fez trabalhos com fotogravura, fotografia clichê, fotomontagem, serigrafia, fotocópia, cartão-postal, vídeo e super-8. Os mapas e a cultura indígena são temas centrais de seu trabalho — com eles a artista nos faz pensar na importância das diferentes culturas que coexistem no Brasil. Como professora e pesquisadora, Anna Bella também escreveu livros e deu aulas para várias gerações de artistas.

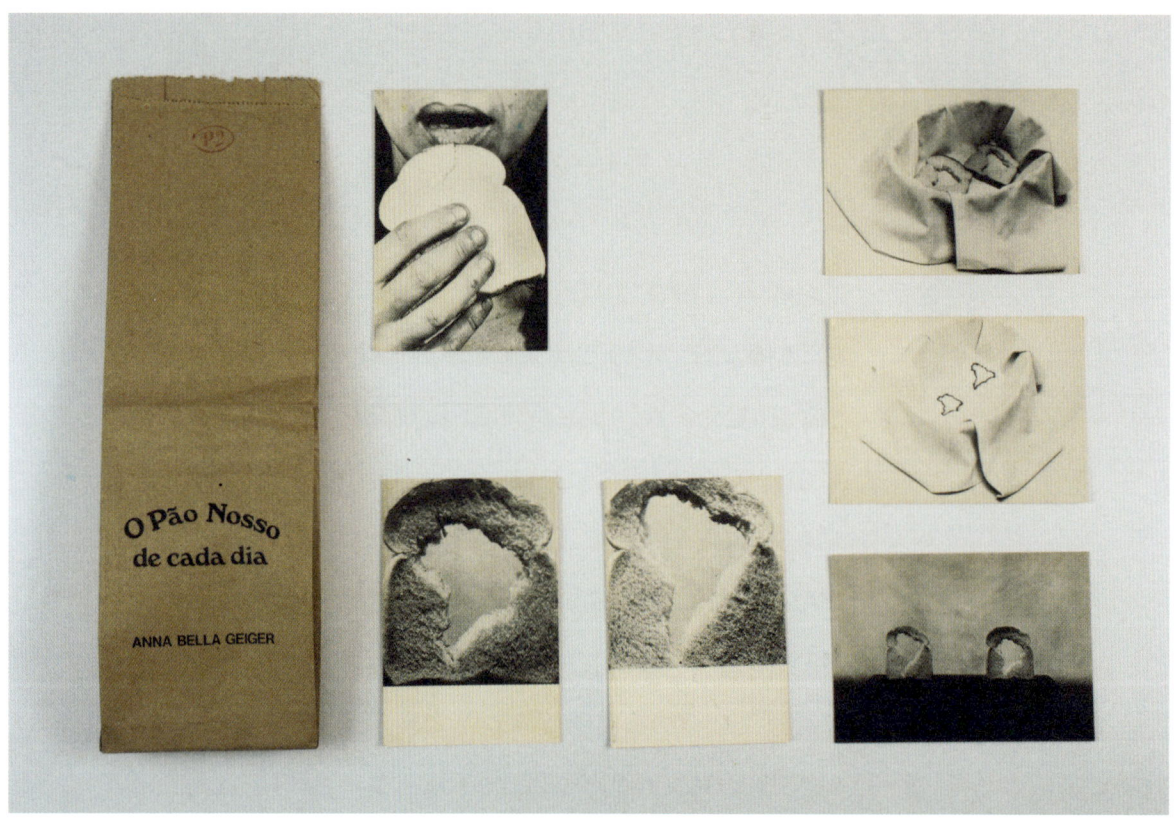

| **O pão nosso de cada dia** | 1978   saco de pão e série de seis cartões-postais   80 x 80 cm

Anna Bella Geiger

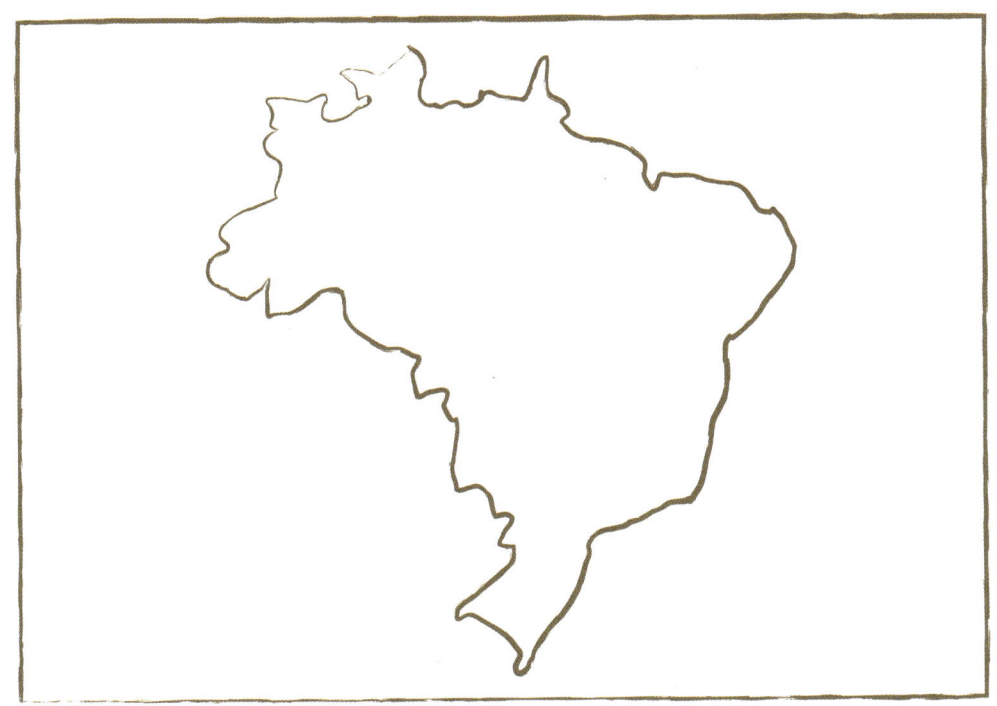

VAMOS JUNTAR A HORA DO LANCHE COM AS AULAS DE GEOGRAFIA?

PEGUE UMA FATIA DE PÃO DE FORMA E, USANDO O MODELO DO MAPA ACIMA, RECORTE NELA O MAPA DO BRASIL. EM SEGUIDA, COLOQUE O PÃO NA TORRADEIRA. QUANDO ESTIVER PRONTO, PASSE UMA MANTEIGUINHA E TIRE UMA FOTO DE VOCÊ MESMO DEVORANDO O SEU PAÍS!

ANNA MARIA MAIOLINO
SCALEA, ITÁLIA, 1942

Anna Maria Maiolino nasceu na Itália, morou na Venezuela e chegou ao Rio de Janeiro com 18 anos, onde desenvolveu seu trabalho como artista. Nos primeiros anos, usava traços e cores fortes em pinturas e desenhos. Depois, ampliou suas pesquisas realizando gravuras, filmes, vídeos, fotografias e esculturas. Em seu trabalho de fotografia, criou a série que chamou de *Fotopoemação* (foto + poema + ação), capturando em fotografia gestos comuns, movimentos e ações de forma poética.

| **Entrevidas** | série Fotopoemação   1981   fotografia analógica em preto e branco   tiragem de 5   144 x 276 cm (144 x 92 cm cada)

Anna Maria Maiolino

NA ARTE, ESTAMOS QUASE SEMPRE PISANDO EM OVOS. ENTÃO, VAMOS APROVEITAR ESSA ATIVIDADE PARA FAZER ISSO LITERALMENTE!

COM A AJUDA DE UM ADULTO, PEGUE O MAIOR NÚMERO DE OVOS QUE PUDER E COZINHE EM UMA PANELA. ESPERE QUE OS OVOS ESFRIEM, NÃO OS DESCASQUE E OS ESPALHE PELO CHÃO DA SUA CASA.

AGORA CONVIDE SEUS PAIS E AMIGOS PARA UMA CAMINHADA CUIDADOSA...

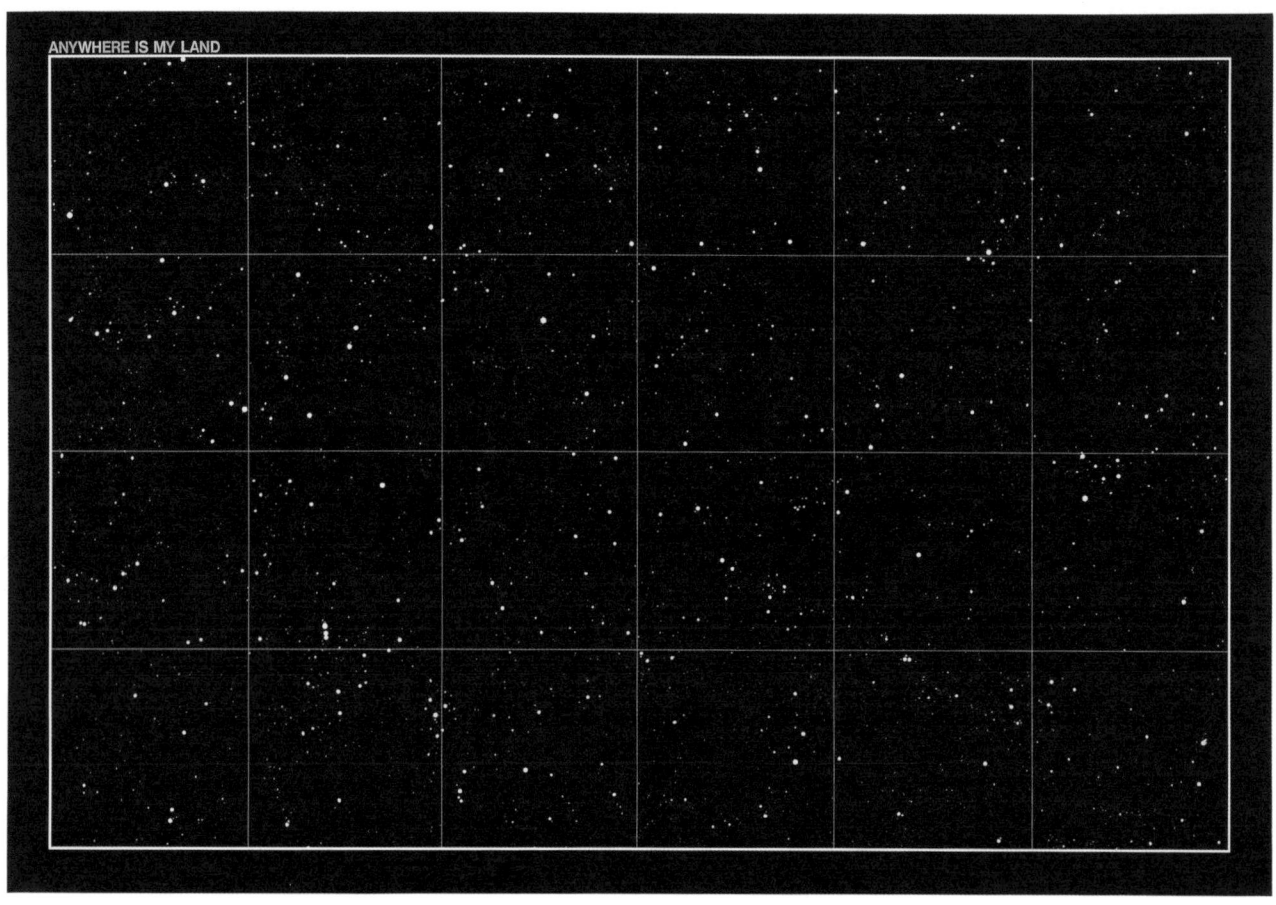

| **Anywhere is my land** | 1968   acrílica sobre tela   130 x 195 cm

. . . .
ANTONIO DIAS
CAMPINA GRANDE, PB, 1944

Antonio Dias viveu e trabalhou muitos anos entre o Brasil, a Itália e a Alemanha. O artista tem a pintura como sua principal atividade, mas essas pinturas não são feitas apenas com tintas e telas. Dias faz uso de materiais como ouro, borracha, gesso ou óxido de ferro, que são aplicados sobre telas feitas de madeira e latão, com estruturas e formatos variados. Suas pinturas podem ainda ser feitas com papéis artesanais, como os que ele aprendeu a manufaturar em viagem ao Nepal, e que são coloridos durante sua fabricação, com elementos naturais como chá, terra, cinzas, temperos e curry.

SE VOCÊ PUDESSE CRIAR SEU PEDACINHO DO UNIVERSO, COMO ELE SERIA?

PEGUE TINTA BRANCA,
OU UM CORRETIVO
LÍQUIDO BRANCO, E
FAÇA GOTINHAS NUMA
CARTOLINA PRETA PARA
CONSTRUIR SUA PRÓPRIA
GALÁXIA PINTANDO
ESTRELAS NO ESCURO.

| Exposição de zero a 24 horas | 1973 jornal 55,5 x 37,5 cm

ANTONIO MANUEL
AVELÃS DE CAMINHO, PORTUGAL, 1947

As obras de Antonio Manuel surpreendem o espectador por proporem ações ou situações inusitadas. No início de sua carreira, o artista usava o jornal como material para seu trabalho, substituindo as palavras e as fotos dos jornais por outras, inventando histórias absurdas que pareciam ser reais. Outro trabalho do artista, *Urnas quentes*, é composto por caixas de madeira fechadas que precisam ser quebradas com força para descobrirmos o que há dentro. Nas *Ocupações/Descobrimentos*, precisamos quebrar paredes com marretas para atravessarmos a exposição através de buracos.

SE VOCÊ PUDESSE ESCOLHER AS NOTÍCIAS QUE SAEM NO JORNAL,

O QUE ACONTECERIA NO SEU MUNDO?

DURANTE VÁRIOS DIAS (OU SEMANAS) RECORTE AS NOTÍCIAS E FOTOS QUE MAIS TE INTERESSAREM EM JORNAIS E REVISTAS. DEPOIS, MONTE TODAS EM VÁRIAS FOLHAS, ORGANIZANDO SEU PRÓPRIO JORNAL. FAÇA VÁRIAS CÓPIAS E DISTRIBUA SUA PUBLICAÇÃO PARA OS AMIGOS.

ARTHUR BISPO DO ROSÁRIO

JAPARATUBA, SE, 1909 | RIO DE JANEIRO, RJ, 1989

Arthur Bispo do Rosário era um artista diferente dos demais. Considerado louco por alguns e gênio por tantos outros, ele passou boa parte de sua vida em hospitais psiquiátricos no Rio de Janeiro. Seu trabalho era feito de sucatas, objetos do cotidiano e de costuras em tecidos, nos quais bordava seus escritos. Bispo fez mantos, estandartes, faixas de miss, capas e esculturas que trazem palavras, listas de nomes, poemas enigmáticos e histórias com início, meio e fim, e que muitas vezes eram bordadas em código, numa escrita muito pessoal.

| **Manto da apresentação** | (verso) (s.d.) tecido, metal, papel e linha 219 x 130 cm

Arthur Bispo do Rosário

PRECISA DA AUTORIZAÇÃO DE UM ADULTO

NOMES

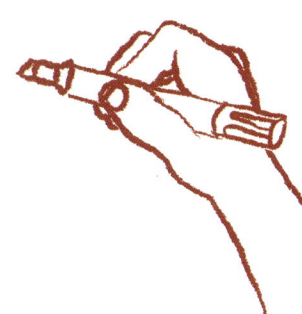

JÁ PAROU PARA PENSAR EM QUANTOS NOMES DE GENTE EXISTEM POR AÍ?

PEGUE UMA CAMISA DE COR LISA E NELA ESCREVA COM CANETA PERMANENTE TODOS OS NOMES QUE VOCÊ POSSA IMAGINAR. SE PREFERIR, PODE BORDAR OS NOMES, COMO BISPO FAZIA.

| Sem título | 2003
painel de azulejos do Centro de Formação e Aperfeiçoamento da Câmara dos Deputados, DF (detalhe)   95,8 x 2,20 m

ATHOS BULCÃO
RIO DE JANEIRO, RJ, 1918 | BRASÍLIA, DF, 2008

Existem artistas cujos trabalhos estão espalhados pelas cidades e pelos prédios em murais e paredes, e por vezes nem percebemos que eles são obras de arte. Athos Bulcão é um desses artistas, além de ser escultor, pintor, arquiteto e desenhista, foi um grande mosaicista. Essa palavra estranha define quem faz mosaicos, que são grandes painéis com desenhos feitos de várias partes pequenas, como um quebra-cabeça. Athos Bulcão era um mestre na arte de montar imensos painéis de azulejos, coloridos e geométricos, e pode-se ver seus mosaicos em várias cidades, como Rio de Janeiro, Salvador, Belo Horizonte, Natal, Cidade do Cabo e Nova Délhi. Mas sua principal marca está em Brasília, cidade projetada e construída do zero e inaugurada em 1960, para ser a capital do Brasil. Athos trabalhou em Brasília durante sua construção e deixou na cidade dezenas de murais espalhados por prédios e avenidas.

EMBARALHAR UM CÍRCULO É COISA DE ARTISTA OU IDEIA DE JERICO? VAMOS EXPERIMENTAR E DESCOBRIR!

FAÇA VÁRIAS CÓPIAS IDÊNTICAS DO MOLDE ABAIXO. DEPOIS, PINTE DENTRO DO ARCO E RECORTE AS CÓPIAS NOS LOCAIS INDICADOS.

AGORA, BASTA EMBARALHAR TUDO E IR MONTANDO, LADO A LADO, OS DESENHOS NA PAREDE ATÉ FORMAR SEU PAINEL. LEMBRE-SE DE USAR MASSINHA OU FITA ADESIVA PARA NÃO ESTRAGAR A TINTA DA PAREDE.

APÓS TANTA CRIAÇÃO, SAIBA QUE VOCÊ JÁ FAZ PARTE DO CÍRCULO DE ARTISTAS!

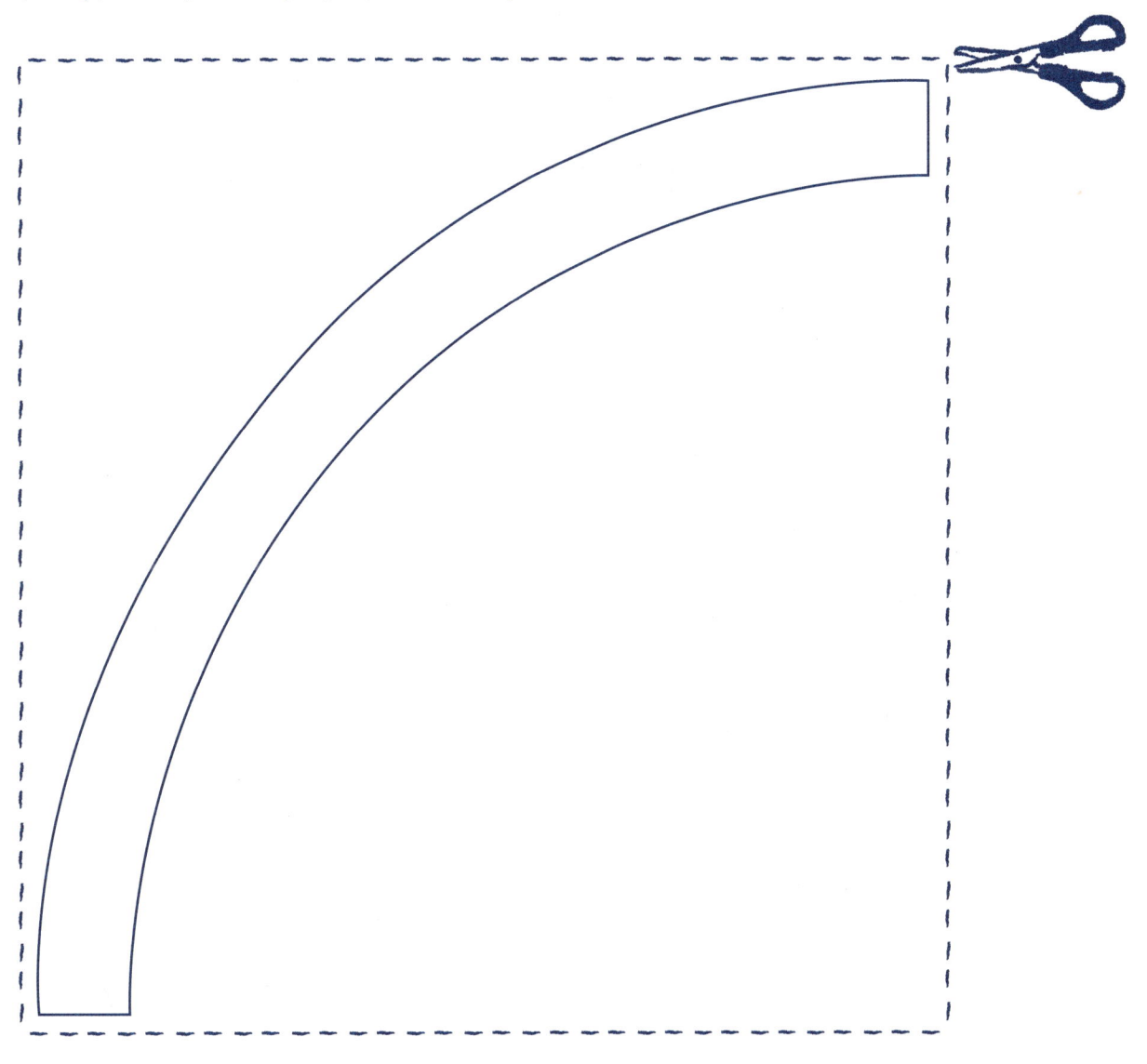

| Mulher Coca-Cola | 1987
garrafa média de Coca-Cola, braços e cabeça de boneca   27 x 15 x 15 cm

BARRÃO

RIO DE JANEIRO, RJ, 1959

Barrão é um artista que constrói sua obra com objetos do cotidiano. Ele também faz parte do grupo de arte sonora Chelpa Ferro. Em suas esculturas, tornou-se mestre na arte de colar objetos inteiros, ou em partes, uns nos outros. O resultado dessas colagens, que juntam vasos, xícaras, jarros, estátuas de jardim e outros objetos do dia a dia, são figuras fantásticas. Elas resultam em uma arte divertida e de formas bem malucas.

SACRIFIQUE UMA BONECA EM NOME DA ARTE!

DESMONTE SUAS PARTES E A RECRIE COM UM CORPINHO GARRAFAL.

BEATRIZ MILHAZES
RIO DE JANEIRO, RJ, 1960

A obra de Beatriz Milhazes é povoada de flores, círculos, semicírculos, listras e cores fortes. Suas pinturas são construídas por camadas, nas quais a artista cria um jogo de geometria e formas ornamentais que se organizam sobre os fundos multicoloridos. Em suas colagens, a artista faz uso do brilho e da cor de papéis de balas e bombons.

| **Mega Box** | 2008   colagem de papéis variados e plástico sobre papel   101 x 101 cm

Beatriz Milhazes

COLE A EMBALAGEM INTEIRA
OU RECORTE

PREPARE-SE PARA UMA
ATIVIDADE GOSTOSA.

PRIMEIRO VOCÊ PRECISA JUNTAR DIVERSOS PAPÉIS DE VÁRIAS CORES. DEPOIS, JUNTE DIVERSAS EMBALAGENS DE BALAS E CHOCOLATES. ESCOLHA AS MAIS COLORIDAS (E MAIS GOSTOSAS). DEPOIS É SÓ RECORTAR AS EMBALAGENS, CRIANDO FORMAS, E MONTAR UMA COLAGEM COMO A DA OBRA AO LADO. QUANDO ACABAR, VÁ CORRENDO ESCOVAR OS DENTES!

| **A felicidade. Capa antigravidade** | 2001   bastão a óleo sobre tecido   130 x 95 cm

CABELO

CACHOEIRO DE ITAPEMIRIM, ES, 1967

Para o capixaba Cabelo, música e arte não se separam. Cantor e compositor, é também desenhista, pintor e performer. Cabelo é um inventor de objetos, espaços e ações. Ele cria labirintos e instalações que podem, de uma hora para outra, virar um show de música e improviso. Em suas bandeiras de tecido, que podem virar capas e vestimentas, Cabelo cria desenhos inconfundíveis e registra sua escrita rápida e poética com suas frases-poemas.

Cabelo

SUA ALTURA

DEIXE ESSA ÁREA LIVRE DE DESENHOS PARA A AMARRAÇÃO.

ESCREVA

USE UM TECIDO QUE SEJA UM POUCO MAIS CURTO QUE A SUA ALTURA

PRECISA DA AUTORIZAÇÃO DE UM ADULTO

AMARRE AS PONTAS AO REDOR DO PESCOÇO COM FOLGA

NO MUNDO DAS ARTES, VOCÊ É O SUPER-HERÓI!

USE SEUS PODERES PARA FAZER UMA CAPA COMO A DA OBRA AO LADO. PEGUE UM PEDAÇO DE TECIDO QUE SEJA MAIS CURTO QUE A SUA ALTURA. DESENHE NELE COM CANETA DE TECIDO, TINTA OU COLA COLORIDA. ESCREVA TAMBÉM SEU GRITO DE GUERRA OU SEU POEMA. DEPOIS, AMARRE AS PONTAS COM FOLGA AO REDOR DO PESCOÇO E SAIA BRINCANDO POR AÍ COM SUA NOVA CAPA.

NESSA BRINCADEIRA, O ÚNICO VILÃO É A FALTA DE IMAGINAÇÃO.

| Casa | 2016   poluição sobre tela   151 x 107 cm

CAETANO DE ALMEIDA

CAMPINAS, SP, 1964

Caetano de Almeida utiliza em suas pinturas ideias e imagens muito variadas. Já pintou telas que usavam como tema pinturas clássicas de outros artistas, páginas de livros infantis, além de manuais de medicina e de práticas esportivas. Caetano também fez pinturas usando a poluição das grandes cidades como tinta. Por vezes, ele constrói pinturas cheias de linhas, curvas e formas geométricas que nos lembram estampas de tecidos ou imagens digitais, tamanha a precisão de seu traço e a força de suas cores.

QUE TAL FAZER ARTE EM PARCERIA COM O TEMPO?

PEGUE UMA TELA DE PINTURA E FAÇA UM DESENHO UTILIZANDO FITA ADESIVA (ESCOLHA UMA FITA QUE SEJA FÁCIL DE RETIRAR DEPOIS). QUANDO TERMINAR SEU DESENHO, DEIXE A TELA EXPOSTA AO TEMPO O MÁXIMO DE DIAS QUE PUDER (PELO MENOS DUAS SEMANAS), DE PREFERÊNCIA EM UMA ÁREA EXTERNA, ONDE BATA LUZ E CAIA POEIRA, MAS NÃO CHOVA! DEPOIS, BASTA PEGAR SUA TELA DE VOLTA E RETIRAR A FITA ADESIVA.

VEJA COMO POR BAIXO DE ONDE ESTAVAM AS FITAS A TELA CONTINUA LIMPINHA.

AGORA VOCÊ TEM UM DESENHO BRANCO SOBRE UMA **TELA PINTADA PELO TEMPO.**

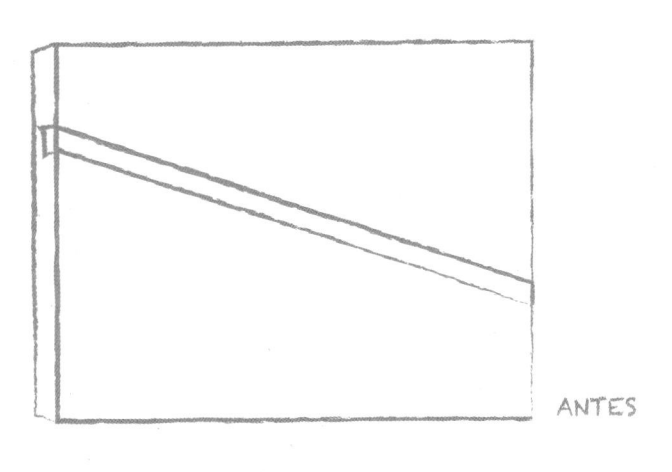

ANTES

TIRE A FITA E VEJA O RESULTADO DO TEMPO NA SUA OBRA

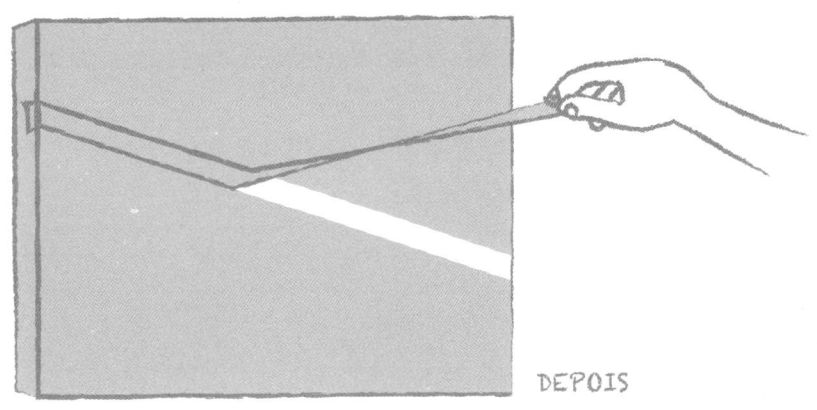

DEPOIS

CANDIDO PORTINARI

BRODOWSKI, SP, 1903 | RIO DE JANEIRO, RJ, 1962

As pinturas de Candido Portinari retratam cenas e personagens bem brasileiros de sua época: meninos soltando pipa, jogando futebol ou brincando com pião, trabalhadores do campo, operários e festas populares. Portinari também pintou retratos de personalidades brasileiras importantes, como os escritores Vinicius de Moraes, Monteiro Lobato e Mário de Andrade. Além de pintar quadros, o artista fez diversos murais em prédios públicos e privados. Seu trabalho foi mostrado por todo o Brasil e pelo mundo — o grande painel *Guerra e paz* está, desde 1956, pendurado na sede da ONU, em Nova York.

| **Lavrador de café** | 1934   óleo sobre tela   100 x 81 cm

Candido Portinari

REPAROU NO TAMANHO DO PÉ DESSE LAVRADOR DE CAFÉ?

APROVEITE O MODELO DO PÉ ABAIXO E, EM UMA FOLHA DE PAPEL, DESENHE VOCÊ TAMBÉM UMA PESSOA COM O PÉ MAIOR QUE O NORMAL. REPARE QUE QUANTO MENOR VOCÊ FIZER O DESENHO DA PESSOA, MAIOR PARECERÁ O TAMANHO DO PÉ!

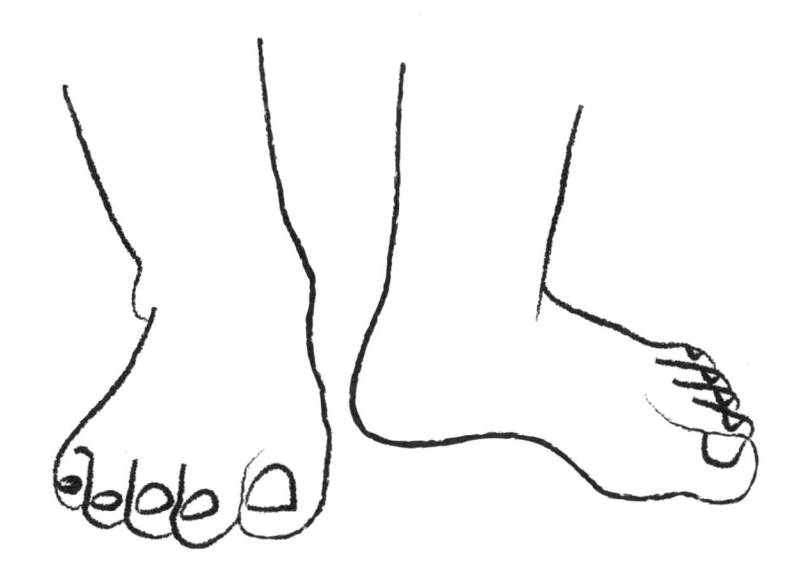

CAO GUIMARÃES

BELO HORIZONTE, MG, 1965

Os trabalhos do cineasta e artista plástico Cao Guimarães são conhecidos por mostrarem a beleza de imagens de acontecimentos simples, ordinários e passageiros. Pequenos objetos, paisagens e pessoas são os temas de seus filmes e fotografias. São imagens que revelam como objetos comuns podem se transformar em arte. Na série de fotografias *Gambiarras*, o artista capta com humor o uso de diversas coisas em situações estranhas, como quando são utilizadas para resolver a falta de algum elemento importante.

| **Gambiarras** | 2001-2013   fotografia   60 x 45 cm

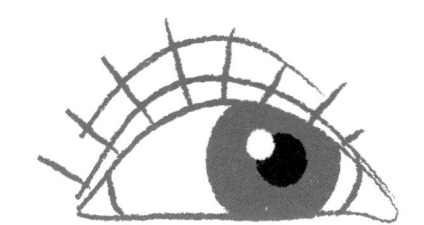

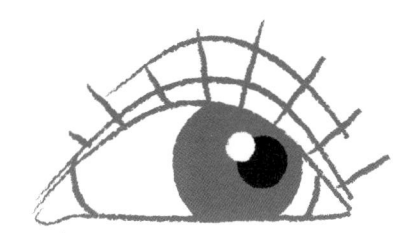

VOCÊ SABE O QUE É UMA GAMBIARRA?

É UMA FORMA DE UTILIZAR UMA COISA NO LUGAR DE OUTRA, DE DAR UM JEITINHO QUE, DE TÃO INVENTIVO, NAS MÃOS DE UM ARTISTA, VIRA ARTE.

OBSERVE AS OBRAS AO LADO E PROCURE EM CASA, NA ESCOLA OU PELAS RUAS ALGUMAS GAMBIARRAS. FOTOGRAFE SEUS ACHADOS! FAÇA SUA PRÓPRIA COLEÇÃO DE GAMBIARRAS E MONTE AS FOTOS LADO A LADO NA PAREDE DO SEU QUARTO E CHAME TODOS PARA VER SUA EXPOSIÇÃO.

CARLITO CARVALHOSA
SÃO PAULO, SP, 1961

Carlito Carvalhosa é um artista que pode fazer uma sala de museu ser atravessada por grandes árvores, troncos e postes de madeira e, em seguida, fazer uma exposição que é um concerto de piano, em meio a diversos véus brancos, que escondem o pianista. Carlito é escultor, mas também é pintor, e algumas de suas pinturas são feitas sobre espelhos, deixando com que a imagem de quem as observa se encaixe dentro da tela.

| Qualquer direção | 2011   alumínio percurtido, óleo sobre alumínio, luz fluorescente   380 x 1.327 x 690 cm

Carlito Carvalhosa

PRECISA DA AUTORIZAÇÃO DE UM ADULTO

VOCÊ GOSTARIA DE SE VER PINTANDO O SETE?

FAZER DO ESPELHO UMA TELA DE PINTURA PODE SER UMA BOA IDEIA.

PEÇA A UM ADULTO UM ESPELHO QUE ESTEJA FORA DE USO OU QUE SEJA TRANSPORTÁVEL, PARA QUE POSSA SER LAVADO. DEPOIS, COM UM POUCO DE TINTA GUACHE, PINTE O CONTORNO DO SEU REFLEXO. EM SEGUIDA, PREENCHA TODO O ESPAÇO AO REDOR, DEIXANDO UM LUGAR PARA ENCAIXAR-SE NA PRÓPRIA PINTURA, E VEJA A OBRA E O ARTISTA SE MISTURANDO EM UMA COISA SÓ.

CARLOS VERGARA
SANTA MARIA, RS, 1941

Carlos Vergara é um artista que trabalha muito com pintura e fotografia, mas desde o início de sua carreira faz também esculturas, vídeos, instalações e obras de protesto. Em algumas de suas pinturas se utiliza de pigmentos naturais e da monotipia. A monotipia é uma técnica de impressão de imagem em que se coloca a tinta, o pigmento ou outros materiais sobre uma superfície e, encostando o papel nessa superfície, transfere-se a imagem que fica gravada no papel como um carimbo. Por vezes, o artista ainda pinta sobre as imagens gravadas. Vergara fez, nos anos 1970, fotografias ligadas ao carnaval carioca, como a série de imagens do bloco de carnaval Cacique de Ramos. Nessas fotos, vemos a exuberância e a força da festa, as fantasias, a alegria e orgulho dos foliões.

| Poder | da série Cacique de Ramos   1972-1976/2009   fotografia, montagem em metacrilato   100 x 150 cm

Carlos Vergara

CONVIDE ALGUNS AMIGOS PARA IR À SUA CASA E ESCOLHA JUNTO COM ELES UMA **PALAVRA ESPECIAL**. COM TINTA GUACHE, ESCREVA NO **CORPO** A PALAVRA ESCOLHIDA E FAÇA FOTOS DE TODOS JUNTOS PARA REGISTRAR O MOMENTO.

É O **PODER** DA PINTURA CORPORAL.

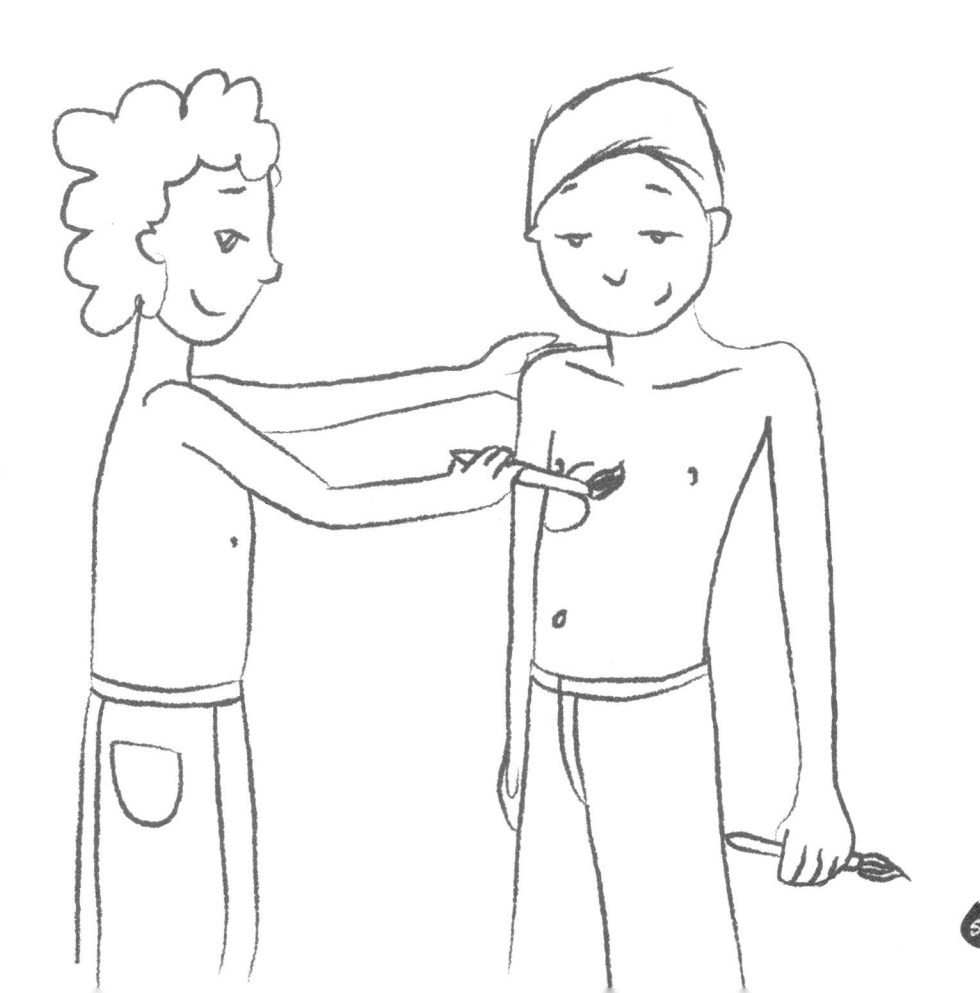

CARYBÉ

LANÚS, ARGENTINA, 1911 | SALVADOR, BA, 1997

Héctor Julio Páride Bernabó é o nome de batismo deste artista de origem argentina que desembarcou com a família no Brasil em 1919, após a Primeira Guerra Mundial. Foi na Bahia que o pintor passou boa parte de sua vida, criando, com traços simples, porém inconfundíveis, figuras típicas do imaginário brasileiro. A religião dos orixás, o jogo da capoeira, a luta do cangaço, as redes indígenas de dormir e as feiras populares são alguns dos elementos que aparecem em suas pinturas, seus desenhos e suas gravuras. Carybé foi também um grande ilustrador de textos importantes da literatura brasileira e mundial. Alguns de seus mais belos desenhos transformaram em imagens o documento de fundação da colonização portuguesa no Brasil: a carta de Pero Vaz de Caminha.

| A carta de Caminha (ilustração para o livro) |
1981   nanquim e guache sobre papel

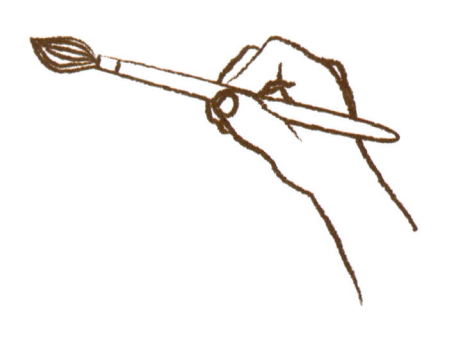

VAMOS ILUSTRAR, Ó PÁ!

QUANDO OUVIMOS OU LEMOS UMA HISTÓRIA, VÁRIAS IMAGENS SE FORMAM EM NOSSA CABEÇA. ELAS PODEM SE TRANSFORMAR EM DESENHOS OU PINTURAS. É O QUE SE CHAMA DE ILUSTRAÇÃO.

ENTÃO, FAÇA COMO CARYBÉ: BUSQUE NA INTERNET E LEIA A CARTA QUE O ESCRIVÃO PORTUGUÊS PERO VAZ DE CAMINHA ESCREVEU AO REI DE PORTUGAL EM 1500 (QUANDO CHEGOU AO BRASIL PELA PRIMEIRA VEZ, VINDO NAS CARAVELAS) E CRIE, COM LÁPIS DE COR, SUAS PRÓPRIAS ILUSTRAÇÕES PARA A FAMOSA CARTA.

| **Acusma** | 2008   instalação   dimensões variáveis

CHELPA FERRO
BARRÃO, LUIZ ZERBINI e SÉRGIO MEKLER | RIO DE JANEIRO, RJ, 1995

Chelpa Ferro é um trio de artistas-músicos formado por Luiz Zerbini, Barrão e Sérgio Mekler. Suas performances, instalações e objetos usam formas diferentes de tirar som das coisas para criar arte sonora. O Chelpa Ferro pode tanto expor suas obras em museus e galerias quanto fazer shows com instrumentos tradicionais ou criados pelo grupo. Alguns desses instrumentos e instalações são estranhíssimos, como uma orquestra de sacos plásticos, uma mesa de totó com alto-falantes, uma bateria gigantesca sem ninguém tocando, um cinzeiro com cordas que mais parece um violoncelo ou dezenas de galhos de árvores com folhas e sementes que são agitados por um motor produzindo um barulhinho de chuva.

Chelpa Ferro

VAMOS CRIAR UMA ORQUESTRA BEM DIFERENTE!

JUNTE O MAIOR NÚMERO DE SMARTPHONES, TABLETS E GRAVADORES QUE CONSEGUIR (TENTE JUNTAR PELO MENOS CINCO). EM CADA UM DELES, GRAVE A VOZ DE PESSOAS DIFERENTES CANTANDO OU FAZENDO BARULHOS VARIADOS (POR PELO MENOS CINCO MINUTOS). DEPOIS, COLOQUE CADA UM DOS EQUIPAMENTOS DENTRO DE UMA PANELA, POTE, VASO OU TIGELA, DE MODO A AMPLIFICAR O SOM DE CADA GRAVADOR. NÃO SE ESQUEÇA DE COLOCAR A GRAVAÇÃO EM MODO DE REPETIÇÃO. DEPOIS, COMO VOCÊ É O MAESTRO, DEVE ORGANIZAR OS RECIPIENTES PELO ESPAÇO PARA REGER SUA ORQUESTRA DE VOZES!

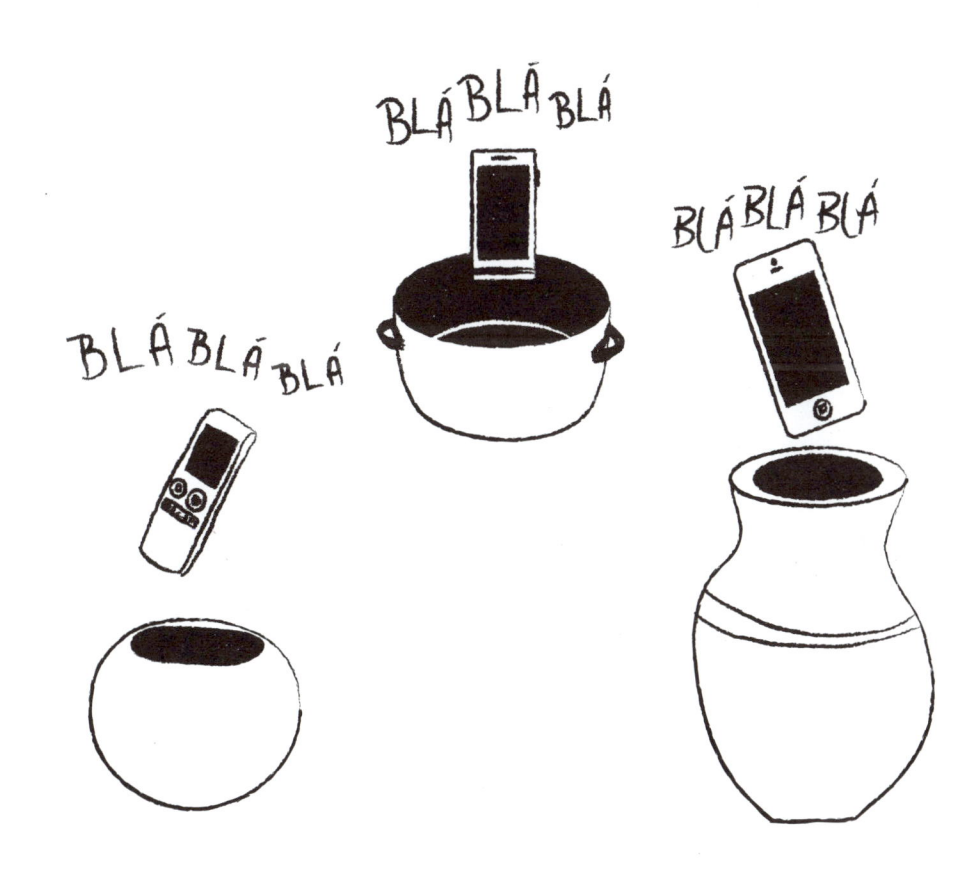

PRECISA DA AUTORIZAÇÃO DE UM ADULTO

CILDO MEIRELES
RIO DE JANEIRO, RJ, 1948

Cildo Meireles faz instalações, desenhos, objetos e esculturas. Algumas de suas obras são notas de dinheiro de verdade com frases carimbadas, ou garrafas de refrigerante com mensagens secretas, que circulam por aí sem ninguém saber de onde vieram. Cildo faz desde pequenos cubinhos de madeira que cabem na ponta de um dedo até imensas instalações em que preenche salas inteiras com cacos de vidro e algodão. Ele também agrupou diversos objetos, móveis, utensílios e até um passarinho, todos de uma mesma cor, numa obra chamada *Desvio para o vermelho*. Muitas dessas obras comentam acontecimentos importantes da história política do Brasil.

| **Desvio para o vermelho** | 1967-1984   técnica mista   dimensões variáveis

PRECISA DA AUTORIZAÇÃO DE UM ADULTO

TUDO O QUE É VERMELHO EM SUA CASA PODE ESTAR MORRENDO DE VONTADE DE FICAR JUNTO. AJUDE ESSAS COISAS A SE ENCONTRAREM! RECOLHA LIVROS, OBJETOS, ALMOFADAS, TUDO QUE TENHA A COR VERMELHA, E ARRUME EM UM SÓ LUGAR. VOCÊ PODE SEMPRE PINTAR O QUE QUISER DE VERMELHO PARA JUNTAR AOS OBJETOS QUE RECOLHER.

TIRE UMA FOTO PARA REGISTRAR ESSE ENCONTRO.

CRISTINA CANALE
RIO DE JANEIRO, RJ, 1961

As pinturas de Cristina Canale ganham vida a partir de figuras e cenas que pertencem ao seu universo afetivo: aulas de piano e de dança, laços de fita, crianças brincando, cachorros e gatos, além de outros temas domésticos. A artista usa em sua pintura uma paleta de muitas cores, em tons suaves. Trabalhando com camadas espessas de tinta, sua pintura produz efeitos lúdicos que fazem com que as imagens pareçam ter vindo de um sonho ou de uma memória distante.

| Delírio | 2010   técnica mista sobre tela   175 x 200 cm

Cristina Canale

ENCONTRE ALGUM AMIGO QUE TOQUE UM INSTRUMENTO MUSICAL E TENHA UM BICHO DE ESTIMAÇÃO E O CONVIDE PARA SER SEU MODELO. FAÇA UM DESENHO COLORIDO DELE TOCANDO O INSTRUMENTO E DESENHE TAMBÉM SEU ANIMAL DE ESTIMAÇÃO FAZENDO UMA BOLA DE CHICLETE.

TUM-TUM, AU-AU, PLOCT!

| **Sem título** | 1993   pó de ferro e verniz poliuretânico sobre cretone   207 x 355 cm

DANIEL SENISE
RIO DE JANEIRO, RJ, 1955

As pinturas de Daniel Senise brincam de diversas formas com a ação do tempo sobre os materiais. Senise utiliza materiais oxidáveis, como o pó de ferro e mesmo pregos, que enferrujam sobre a tela formando imagens. Em outras obras, coloca pigmentos ou cola e tinta no tecido que ele deposita ainda úmido no piso de seu ateliê, deixando repousar por algum tempo. Quando o artista recolhe a tela do chão, ela traz, como uma impressão, as marcas da madeira do piso, e até restos de pinturas anteriores e sobras de tintas antigas. Além da importância dos materiais em sua obra, Daniel também trabalha com os temas da arquitetura e da perspectiva.

Daniel Senise

JÁ PENSOU EM PINTAR COM UMA TINTA DIFERENTE? QUE TAL PINTAR COM PÓ DE CAFÉ?

MOLDE

FAÇA UM CAFÉ BEM FORTE PARA USÁ-LO COMO TINTA.

DEPOIS, FAÇA UM DESENHO, COMO A FIGURA ACIMA, NUMA CARTOLINA E RECORTE PARA SER O SEU MOLDE. VOCÊ TAMBÉM PODE INVENTAR UMA OUTRA FORMA COMO MOLDE, SE PREFERIR.

EM SEGUIDA, COLOQUE ESTE MOLDE SOBRE UMA OUTRA FOLHA DE CARTOLINA.

AGORA, PINTE A FOLHA TODA COM O CAFÉ, INCLUSIVE POR CIMA DO MOLDE.

DEPOIS DE SECAR, TIRE O MOLDE E VISLUMBRE SUA CRIAÇÃO!

| **Aos polignaneses** | 1994   resina poliéster pigmentada e fibra de vidro   215 x 300 cm

DUDI MAIA ROSA

SÃO PAULO, SP, 1946

Dudi Maia Rosa é um artista que em muitas obras não usa pincéis e tinta, como é feito pela maioria dos pintores. Em vez disso, ele aplica mantas de fibra de vidro sobre telas de madeira, combinando resina misturada a pigmentos coloridos, fazendo experimentos com o brilho e a transparência, Dudi cria um jogo de cores e luzes um pouco diferente do que vemos nas pinturas tradicionais. Além disso, muitas vezes ele pinta sobre telas de formatos incomuns, como triângulos e semicírculos. Em *Aos polignaneses*, o pintor homenageia o azul marítimo da cidade natal de sua mãe, Polignano, uma vila de pescadores na Itália.

OS CIENTISTAS DIZEM QUE **UM OBJETO TRANSPARENTE** É AQUELE ATRAVÉS DO QUAL SE PODE VER TODAS AS CORES. VAMOS TRANSFORMAR **ESSA IDEIA EM ARTE!**

1. PEGUE UM PAPEL-CARTÃO GROSSO OU MESMO UMA CAIXA DE SAPATOS OU UMA CAIXA DE MUDANÇA DE PAPELÃO.

2. CORTE UMA DAS FACES DA CAIXA.

3. EM UMA FOLHA DE CARTOLINA, DESENHE UMA FIGURA GEOMÉTRICA.

4. RECORTE A FIGURA DESENHADA E, EM SEGUIDA, COLE-A NO PAPELÃO.

5. PINTE TODA A SUA TELA COM UMA CAMADA GROSSA DE TINTA GUACHE, UTILIZANDO A COR DE SUA ESCOLHA.

6. POR ÚLTIMO, COM UM FILME DE PVC (AQUELE ROLINHO DE PLÁSTICO FININHO DE EMBALAR COISAS NA COZINHA), EMBALE A SUPERFÍCIE PINTADA, PRENDENDO AS PONTAS DO PLÁSTICO NO VERSO DA SUA TELA DE PAPELÃO, COM FITA ADESIVA.

7. ESPERE SECAR.

8. PENDURE NA SUA PAREDE.

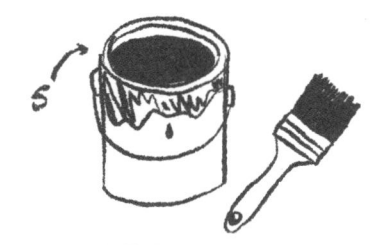

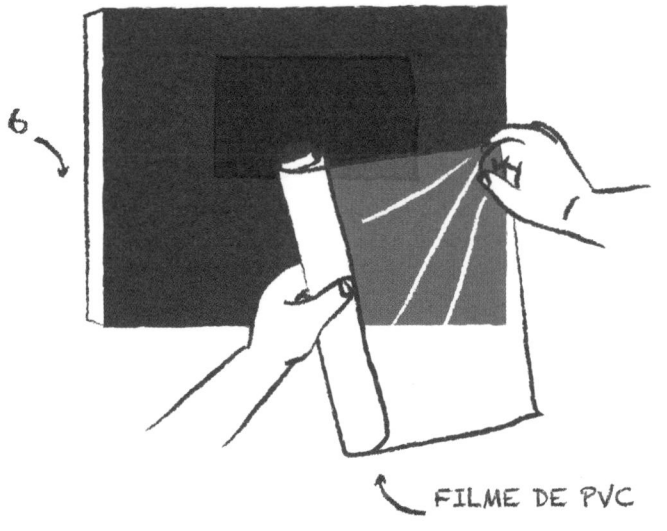

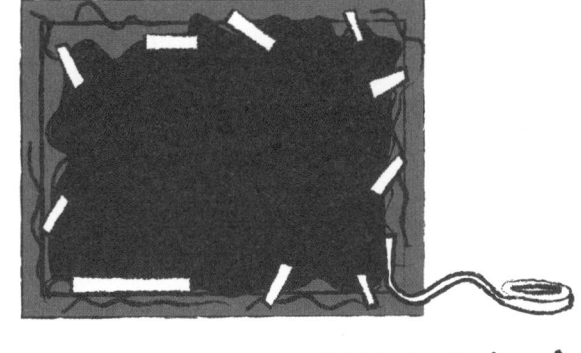

FILME DE PVC

FITA ADESIVA

MOSTRE COMO SUA ARTE PODE SER BRILHANTE!

EDGARD DE SOUZA
SÃO PAULO, SP, 1962

Edgard de Souza é escultor e muitas de suas obras brincam com a relação entre o corpo e o espaço à nossa volta. Em algumas de suas esculturas, o artista usa o próprio corpo como modelo para criar figuras de bronze em posições em que não se veem suas cabeças, dando a impressão de que estão enterradas no solo, do modo como fazem os avestruzes. Em outros trabalhos, mesas e cadeiras parecem ganhar vida própria ao dobrar suas "pernas", como se estivessem dançando ou subindo pelas paredes.

| Sem título | 2000 | Sem título | 2002 | Sem título (bronze 5) | 2005   esculturas em bronze

Edgard de Souza

VOCÊ SABE FAZER MÁGICA? ENTÃO FAÇA UMA PARTE DO SEU CORPO DESAPARECER!

CONVIDE ALGUNS AMIGOS E, EM UM ESPAÇO AO AR LIVRE, EXPERIMENTEM POSIÇÕES EM QUE AS CABEÇAS POSSAM FICAR ESCONDIDAS, E NÃO SEJAM VISTAS. CADA UM DEVE ESCOLHER UMA POSIÇÃO DIFERENTE DA DO OUTRO. DEPOIS, PARA REGISTRAR, PEÇA QUE ALGUÉM TIRE UMA FOTO DE TODOS JUNTOS NAS POSIÇÕES ESCOLHIDAS.

SÓ NÃO VALE PERDER A CABEÇA NA BRINCADEIRA!

EFRAIN ALMEIDA
BOA VIAGEM, CE, 1964

Com grande habilidade, Efrain Almeida é capaz de talhar delicadas esculturas de madeira de variados tamanhos, cheias de humor e beleza. Seus temas prediletos são animais, principalmente pássaros, insetos e partes do corpo. Às vezes, as esculturas são bem pequenas, em outras são de tamanho natural. Suas esculturas de mãos, cabeças e pés nos lembram os ex-votos da cultura popular nordestina. Muitas vezes, Efrain usa sua própria figura como tema de suas esculturas e aquarelas. Esses trabalhos são chamados de autorretratos.

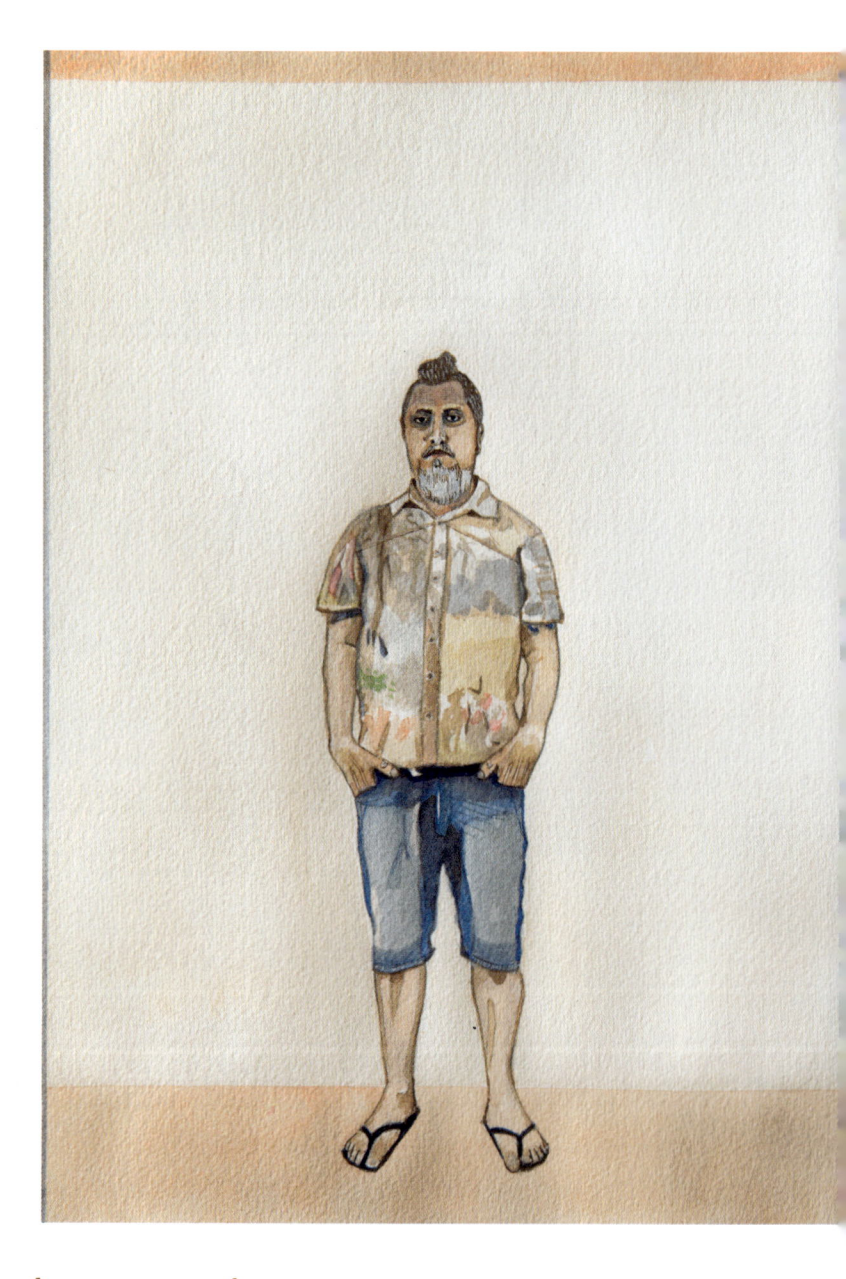

| Waiting for you | 2014   aquarela sobre papel   45 x 29,5 cm

Efrain Almeida

Os artistas adoram fazer retratos de si próprios. Quando isso acontece, temos os autorretratos, que mostram as formas como cada um representa a si mesmo.

Agora é a sua vez de fazer seu autorretrato com lápis de cor ou aquarela.

Só não adianta querer que SEU AUTORRETRATO faça o DEVER de casa para VOCÊ!

| Chapa 119 | 2008   pintura sobre chapa metálica   90 x 90 cm

EMMANUEL NASSAR

CAPANEMA, PA, 1949

O pintor e escultor Emmanuel Nassar adora andar pelas ruas. É porque é lá que ele encontra muitas das ideias e dos materiais que vem a usar em seus trabalhos. Em seu trabalho, Emmanuel transforma placas de metal que são parte de anúncios e propagandas de rua, encontradas como sucatas, em arte. Desse modo, o artista trabalha com as cores e as formas que muitas vezes já estão nas coisas. Suas telas são como grandes quebra-cabeças, feitos a partir de materiais desmontados e remontados novamente, dessa vez como pinturas. Emmanuel também gosta de construir bandeiras e engrenagens de máquinas inventadas por ele.

Emmanuel Nassar

CONVENÇA UM ADULTO A TE LEVAR PARA CONHECER UM FERRO-VELHO.

PRECISA DA AUTORIZAÇÃO DE UM ADULTO

O FERRO-VELHO É UM LUGAR EM QUE SÃO VENDIDOS PEÇAS E PEDAÇOS DE FERRO, CARROS VELHOS, BUGIGANGAS E OUTROS MATERIAIS QUE FORAM DESCARTADOS, JOGADOS FORA, MAS QUE AINDA PODEM SER ÚTEIS PARA OUTRAS COISAS.

LEVE UMA MÁQUINA DE FOTOGRAFIA. CHEGANDO LÁ, EXPLORE O LOCAL COM CUIDADO E PROCURE ALGUMAS CHAPAS DE METAL PARA FAZER UMA PINTURA. SE VOCÊ NÃO FOR LEVAR SUA PINTURA PARA CASA, LEVE A FOTO QUE TIRAR DE SUA OBRA.

ERIKA VERZUTTI
SÃO PAULO, SP, 1971

No trabalho de Erika Verzutti, jacas, abacaxis, abobrinhas e pimentões, tartarugas, cisnes e pavões, além de outros elementos da natureza, são temas e referências para esculturas feitas de bronze, gesso ou papel machê. Por vezes usando ovos, legumes e frutas de verdade como molde, a artista constrói esculturas que recebem títulos divertidos, como *Bicho de 7 cabeças*, *Torre de ovos*, *Caixa de macaco*, *Tartaruga* e *Mulher pintada*. Outras vezes, se apropria de materiais triviais como recibos e bilhetes de papel para construir esculturas como seus *Vasos chineses*.

| **Vaso chinês** | 2001   papel   39 x 37 x 36 cm

Erika Verzutti

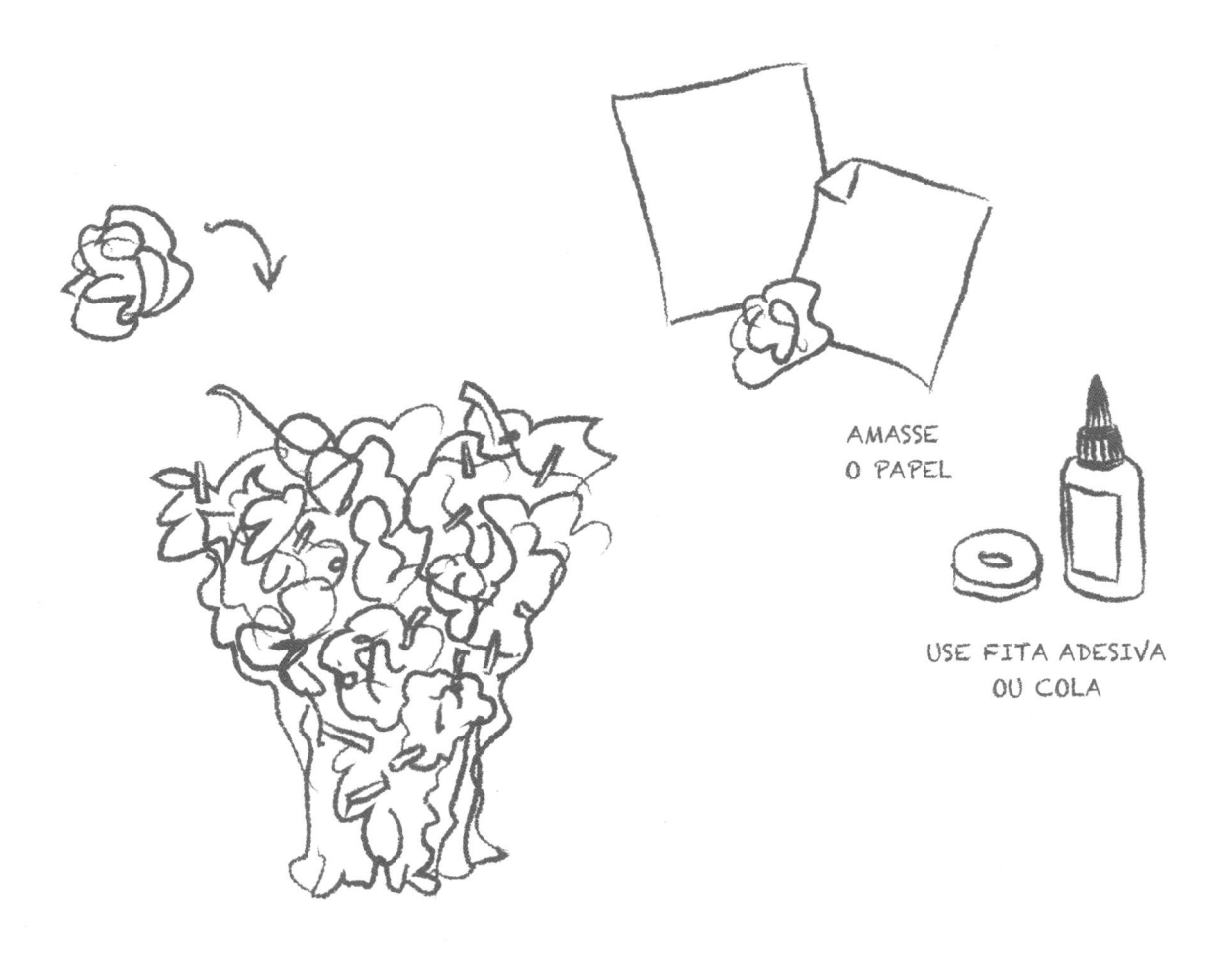

AMASSE
O PAPEL

USE FITA ADESIVA
OU COLA

FAÇA SEU PRÓPRIO
VASO INQUEBRÁVEL!

PEGUE FOLHAS DE PAPEL USADAS, BILHETES E RECIBOS, DE DIVERSAS CORES, E AMASSE UM A UM, COLANDO UMAS FOLHAS NAS OUTRAS, ATÉ CONSTRUIR UM VASO. VOCÊ PODE USAR UM PAPEL MAIS FIRME E GROSSO PARA FAZER A BASE.

AGORA ESCOLHA UM **LUGAR** ESPECIAL PARA COLOCAR SUA ESCULTURA.

ERNESTO NETO
RIO DE JANEIRO, RJ, 1964

Ernesto Neto constrói grandes instalações, pequenos objetos e esculturas de diversos tamanhos em que usa tecidos moles, fios coloridos em crochês, isopor, bolas, especiarias e um monte de outros materiais que estimulam nossos sentidos, como o tato e o olfato. Em algumas de suas instalações, podemos entrar, nos balançar ou caminhar por entre tecidos e tramas, experimentando as sensações das texturas e o gostoso cheiro dos temperos que fica no ar. Neto também gosta de fazer esculturas bem simples, como quando preenche uma "perna" de tecido com bolinhas de chumbo, grãos de arroz ou feijão, que podem ser penduradas ou montadas sobre o chão em diversas posições.

| Copulônia | 1989-2009
poliamida e esferas de chumbo   400 x 805 x 880 cm

PEGUE UMA MEIA-CALÇA FINA, CORTE UMA DAS PERNAS FAZENDO DELA UM SACO. DEPOIS, COLOQUE DENTRO DESSE SACO OITO COPOS DE AREIA. DÊ UM NÓ NA PONTA QUE ESTÁ ABERTA PARA QUE A AREIA NÃO SAIA. ESTIQUE BEM A MEIA, SEPARANDO DOIS VOLUMES DE AREIA, UM EM CADA PONTA. NO LUGAR DA AREIA VOCÊ PODE TAMBÉM USAR GRÃOS, COMO ARROZ OU FEIJÃO.

FAÇA **VÁRIOS!** QUANTOS VOCÊ QUISER! E MONTE SUA INSTALAÇÃO.

COM ESSA ATIVIDADE, VOCÊ VERÁ QUE A ARTE NUNCA ENCHE O SACO!

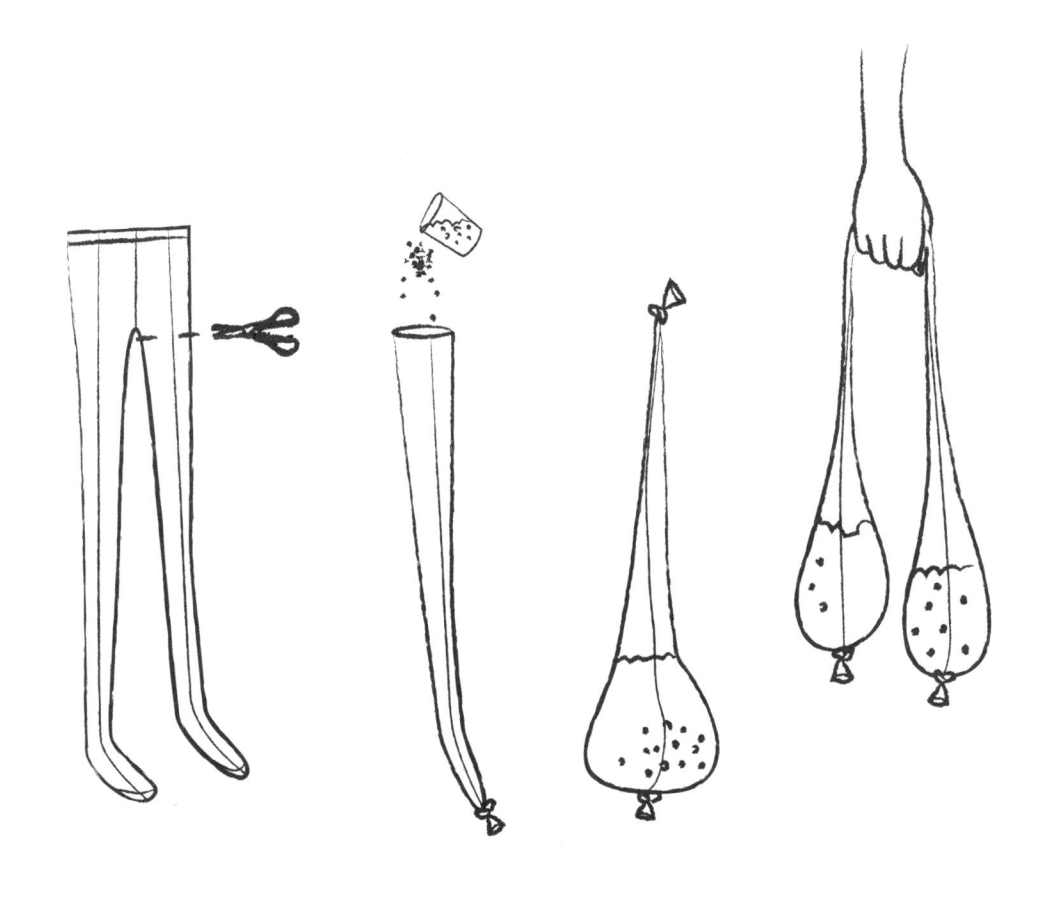

FERNANDA GOMES
RIO DE JANEIRO, RJ, 1960

Fernanda Gomes recolhe pequenos elementos do cotidiano que parecem insignificantes e dá a eles novos significados. Para montar suas obras, ela reúne gravetos, ripas de madeira, papéis de cigarro, fios, jornais, arames, objetos descartados, pedras, cabides, gavetas, placas de gesso, travesseiros, páginas de livros. Usando materiais de cores claras e neutras como o branco e o bege, a artista constrói suas instalações de modo a deixar espaços vazios para que o visitante use a imaginação e possa refletir sobre o excesso de coisas no mundo.

| Sem título | 1999   materiais diversos   dimensões variáveis

QUE TAL DORMIR COM ARTE?

EXPRESSE SUA VEIA ARTÍSTICA COM LENÇÓIS, COBERTORES E TRAVESSEIROS. ESTENDA, ENROLE E DESENVOLVA FORMAS. CRIE SEU CANTINHO ESPALHANDO ACONCHEGO PELA SALA.

SÓ NÃO VÁ **PEGAR** NO **SONO** TRABALHANDO!

FLÁVIO DE CARVALHO

BARRA MANSA, RJ, 1899 | VALINHOS, SP, 1973

Flávio de Carvalho foi artista, arquiteto, cenógrafo, escritor, diretor de teatro e pesquisador. Suas obras eram muito ousadas para a época em que vivia. Em 1931, resolveu andar no meio de uma procissão religiosa, no sentido contrário e de boné! O que causou uma enorme surpresa, já que o costume na época era sempre tirar o chapéu diante de uma procissão. Mais tarde, em 1956, saiu passeando pelas ruas usando saia, propondo uma nova forma do homem dos trópicos se vestir. Flávio de Carvalho fazia "intervenções artísticas" nas ruas, chamadas por ele de "Experiências", e elas se tornaram obras de arte pioneiras no Brasil e no mundo.

| Traje do futuro (new look idealizado para o verão) | 1956
traje composto por blusa vermelha coberta por tecido de nylon branco transparente, saiote branco, meias transparentes de bailarina, sandálias de couro cru e touca transparente

Flávio de Carvalho

PRECISA DA AUTORIZAÇÃO DE UM ADULTO

QUE TAL CONFECCIONAR SUA PRÓPRIA ROUPA?

NÃO UMA ROUPA CONVENCIONAL, DAS QUE ENCONTRAMOS NAS LOJAS, MAS UMA ROUPA MUITO LOUCA, DOS TRÓPICOS, COMO VOCÊ NUNCA IMAGINOU USAR!

NÃO IMPORTA SE VOCÊ É MENINO OU MENINA, PEÇA ALGUMAS ROUPAS AOS SEUS PAIS, TIOS OU AVÓS, MISTURE TUDO E, SE ELES DEIXAREM, CORTE, COSTURE, COLE E SAIA NA RUA VESTIDO COMO NUNCA IMAGINOU.

VEJA COMO AS PESSOAS VÃO REAGIR A SUA "EXPERIÊNCIA".

| Sem título | 1984   aço SAC   50 x 80 x 90 x 70 cm

FRANZ WEISSMANN
KNITTELFELD, ÁUSTRIA, 1911 | RIO DE JANEIRO, 2005

O escultor Franz Weissmann nasceu na Áustria e chegou ao Brasil com 11 anos de idade. Aqui, estudou arquitetura, escultura, desenho e pintura. Em seu trabalho, as formas geométricas parecem ganhar vida através das cores e das dobras que dão a impressão de que as esculturas estão em movimento. Weissmann criava esculturas a partir de pequenos modelos em que o material era cortado, dobrado e depois ampliado para grandes dimensões, utilizando ferro e alumínio. Desse modo, realizou esculturas monumentais para espaços públicos de diversas cidades brasileiras, como a Praça da Sé, em São Paulo; o Parque da Catacumba, no Rio de Janeiro; e o Palácio das Artes, em Belo Horizonte.

VOCÊ SABE FAZER UM MOLDE?
ENTÃO, DESDOBRE-SE!

1. FAÇA UMA CÓPIA DO DESENHO ABAIXO, NUMA FOLHA DE PAPEL VEGETAL.

2. USE O PAPEL VEGETAL COMO GUIA E, NOS PONTILHADOS INDICADOS ABAIXO, CORTE A CHAPA DE PAPELÃO.

3. EM SEGUIDA, BASTA FAZER AS DOBRAS COMO INDICADO NO DESENHO E ABRIR AS PONTAS, UMA PONTA PARA A FRENTE E OUTRA PARA TRÁS, E POSICIONAR SUA ESCULTURA ONDE DESEJAR.

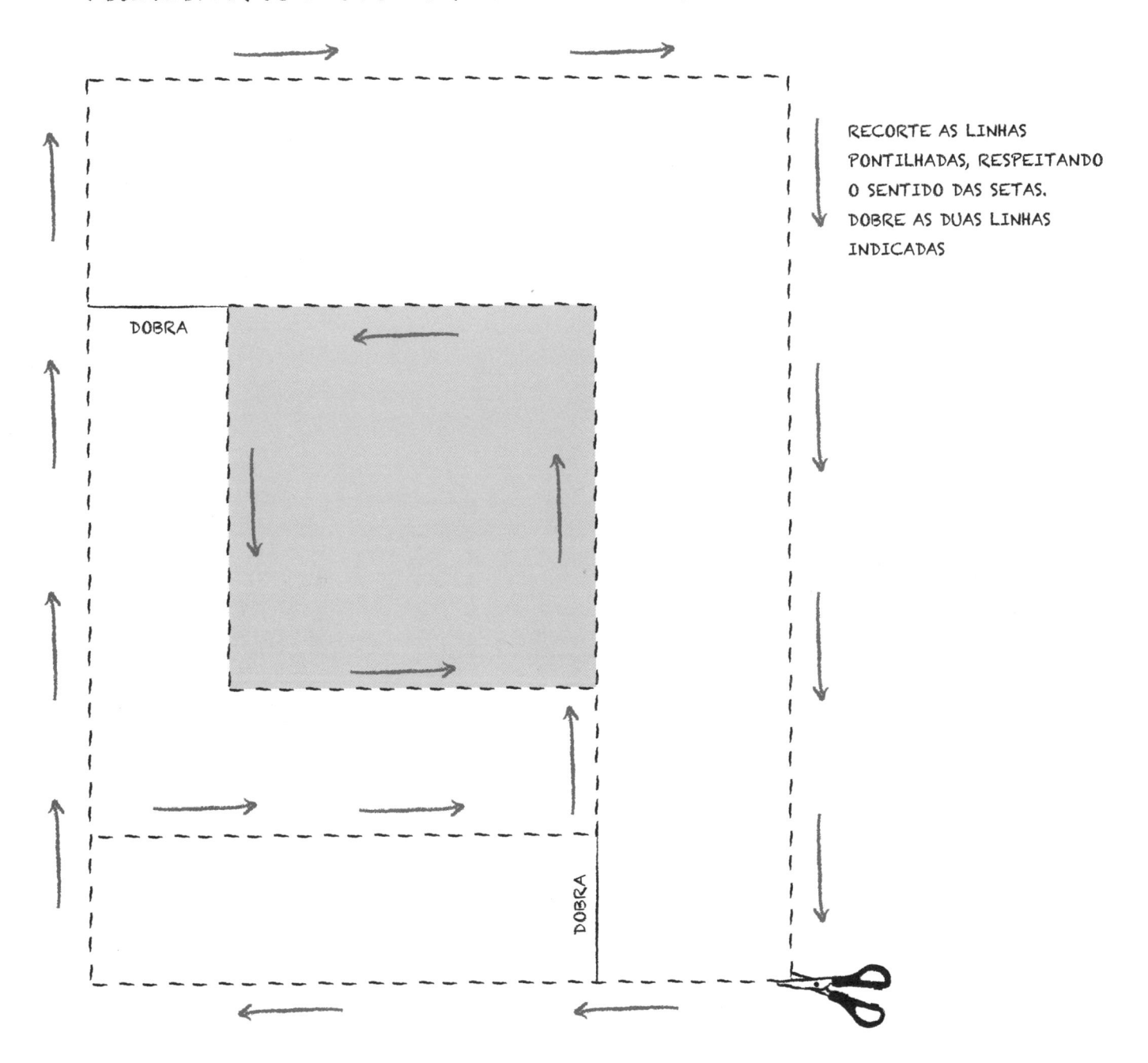

RECORTE AS LINHAS PONTILHADAS, RESPEITANDO O SENTIDO DAS SETAS. DOBRE AS DUAS LINHAS INDICADAS

DOBRA

DOBRA

GERALDO DE BARROS
CHAVANTES, SP, 1923 | SÃO PAULO, SP, 1998

Geraldo de Barros era fotógrafo, pintor e designer de móveis. Trabalhou também produzindo gravuras e peças gráficas, criando cartazes e logomarcas. Um de seus trabalhos mais conhecidos são as fotografias, em preto e branco, da série *Fotoformas*. Feitas de sobreposições de imagens, desenhos sobre negativos, transparências e experimentos com luzes e sombras.

| Sem título (cadeiras Unilabor) | 1954
superposição de imagens no mesmo fotograma   28,6 x 28,5 cm

Geraldo de Barros

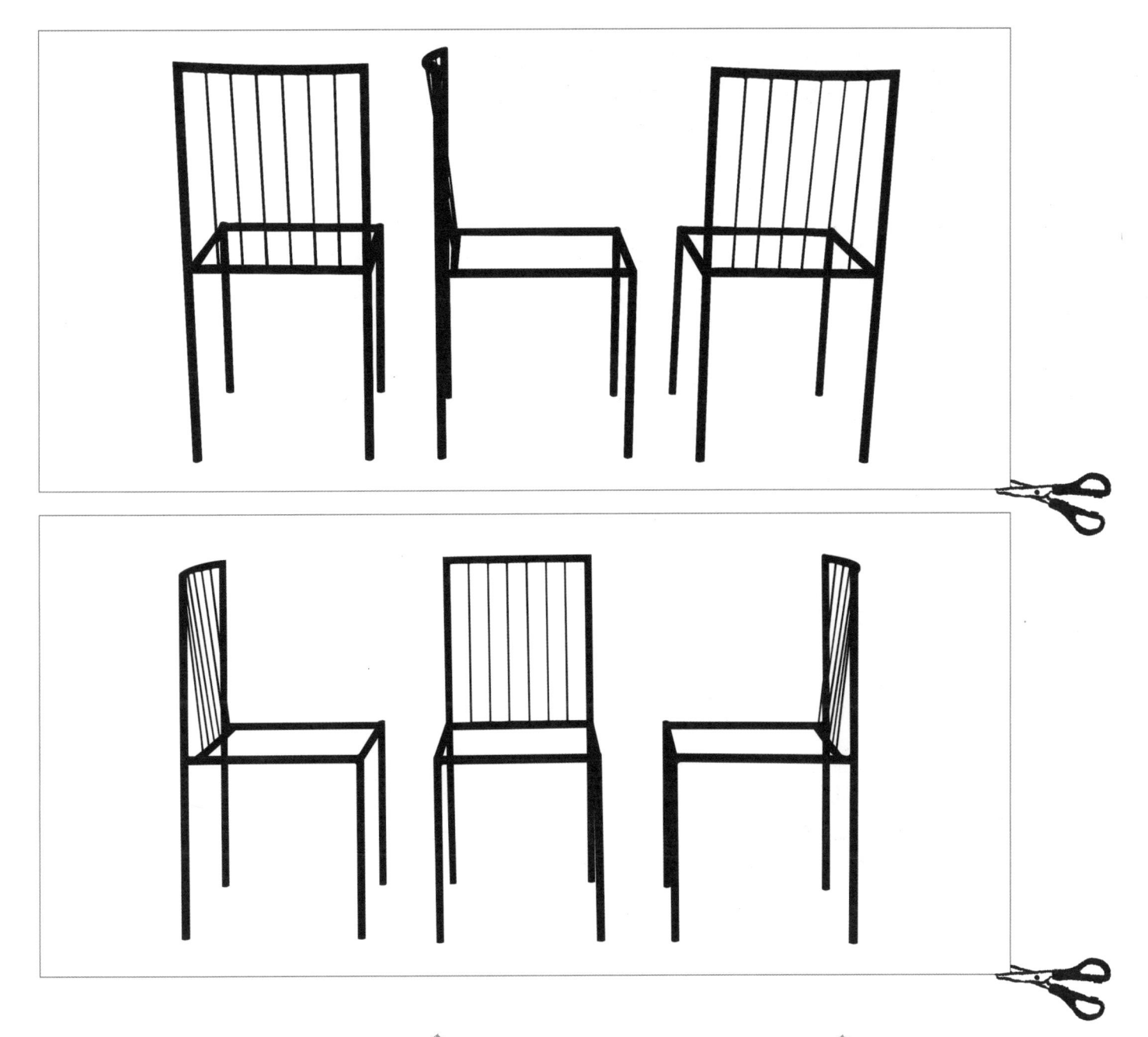

VAMOS PRODUZIR APARÊNCIAS COM TRANSPARÊNCIAS?

FAÇA DUAS OU MAIS CÓPIAS DAS IMAGENS ACIMA EM PAPEL VEGETAL ESCANEANDO, XEROCANDO OU MESMO DESENHANDO NO PAPEL SOBRE A IMAGEM. EM SEGUIDA, RECORTE OS RETÂNGULOS COMO INDICADO NA FIGURA.

DEPOIS, COLOQUE UM PAPEL VEGETAL SOBRE O OUTRO, CRIANDO SOBREPOSIÇÕES COM AS CADEIRAS.

CRIE SEU PRÓPRIO EFEITO FANTASMAGÓRICO!

| Comedor de folhas | 1928   xilogravura   48 x 30 cm

GILVAN SAMICO

RECIFE, PE, 1928 | RECIFE, PE, 2013

Gilvan Samico é gravurista, mas também pintor e desenhista. Suas gravuras são baseadas nos personagens típicos da cultura nordestina brasileira. Suas xilogravuras, geralmente feitas em tons de preto, cinza e branco, trazem pequenas histórias do imaginário do Nordeste, casos narrados em livros de cordel e até mesmo personagens e histórias da Bíblia. Suas figuras por vezes ganham ares fantásticos, virando sereias, dragões, pássaros gigantes e seres que são metade homem, metade animal.

Gilvan Samico

SABEMOS QUE A BELEZA SE ENCONTRA TANTO NAS OBRAS DE ARTE COMO NAS OBRAS DA NATUREZA.

O QUE ACONTECE QUANDO REUNIMOS ESSA BELEZA TODA?

SAIA À PROCURA DE FOLHAS SECAS OU VERDES QUE CHAMEM A SUA ATENÇÃO.

DEPOIS, FAÇA UM DESENHO EM UMA CARTOLINA E COMPLETE A IMAGEM COLANDO AS FOLHAS SOBRE O PAPEL.

VEJA BROTAR SUA ARTE!

| **Natureza Morta** | 1933   óleo sobre tela   49 x 65,5 cm

GUIGNARD

NOVA FRIBURGO, RJ, 1896 | BELO HORIZONTE, MG, 1962

Guignard explorou em sua obra diversos gêneros da pintura: paisagem, natureza-morta, religiosa e retrato. Ele pintou diversas paisagens com temas brasileiros, com balões de festas de São João e igrejas barrocas, além de muitos vasos de flor. Por vezes, combinava mais de um gênero em uma mesma pintura, como quando vemos, ao fundo de algumas naturezas-mortas, uma paisagem. Suas paisagens mostram uma atmosfera de sonho, como se estivessem perdidas num tempo distante. Guignard pintou também retratos de pessoas de sua família, intelectuais, artistas e amigos, além de diversos autorretratos.
A obra de Guignard também é reconhecida pela delicadeza, pela precisão dos traços e pela abundância de detalhes, nos arranjos florais, nas estampas das roupas, nos painéis, móveis e objetos.

Guignard

A ARTE ESTÁ NA MESA!

HÁ MUITOS E MUITOS ANOS, ARTISTAS VÊM PINTANDO ARRANJOS COM FRUTAS, LEGUMES E PEÇAS DO MOBILIÁRIO, CRIANDO O QUE É CHAMADO DE NATUREZA-MORTA.

EM CIMA DE UMA MESA, MONTE SUA COMPOSIÇÃO COM FRUTAS, FLORES E OBJETOS QUE VOCÊ SELECIONAR. FAÇA UM DESENHO A PARTIR DESSE ARRANJO E, DEPOIS DE PRONTO, NÃO SE ESQUEÇA DE COLORIR.

E VIVA A NATUREZA-MORTA!!

| **Omomáscara** | 1990   cartão recortado   20 x 1,24 x 18 cm

Guto Lacaz

SÃO PAULO, SP, 1958

Guto Lacaz é o que chamamos de um multiartista, isto é, aquele que faz de tudo um pouco. Com muito humor, ele constrói uma relação divertida entre arte e tecnologia, transformando objetos industriais em obras de arte ao tirá-los de sua função original. Ele faz isso de diversas maneiras, às vezes misturando peças de máquinas diferentes para criar uma nova máquina, ou, como em *Omomáscara*, transformando uma conhecida embalagem de sabão em pó em uma máscara. Lacaz nos mostra como os objetos do nosso cotidiano podem se transformar em arte quando criamos para eles funções inesperadas.

Guto Lacaz

PREPARE-SE PARA UM DISFARCE ABSOLUTO, UM DISFARCE DE PRODUTO!

RECORTE UMA EMBALAGEM DE PAPELÃO NO TAMANHO DO SEU ROSTO. MARQUE A POSIÇÃO DOS OLHOS COM UMA CANETA E DEPOIS RECORTE OS DOIS BURACOS PARA ENXERGAR. VOCÊ TAMBÉM PODE FAZER UMA ABERTURA PARA O NARIZ. EM SEGUIDA, BASTA FAZER DOIS FURINHOS, UM DE CADA LADO DA MÁSCARA, PERTO DAS ORELHAS, E AMARRAR UM ELÁSTICO EM SUA MÁSCARA. ESCOLHA AS CAIXAS QUE TIVEREM AS MELHORES CORES E EFEITOS.

HÉLIO OITICICA

RIO DE JANEIRO, RJ, 1937 | RIO DE JANEIRO, RJ, 1980

Hélio Oiticica tornou-se artista plástico aos 14 anos. Ao longo da vida, fez pinturas, objetos e instalações, como os *Núcleos*, os *Bólides*, os *Penetráveis*, entre tantos outros. Muitas dessas obras precisam da participação do espectador na relação com o objeto ou a instalação, para que façam sentido. São obras de mexer, entrar, tocar, que propõem que no lugar de apenas contemplar a obra, o espectador faça um "exercício de liberdade" ao interagir com o trabalho, mudando, assim, sua percepção da arte.
Nos anos 1960, Oiticica conheceu o morro da Mangueira, no Rio de Janeiro, e tornou-se um dos passistas de sua escola de samba. Em contato com o carnaval, fez seus famosos *Parangolés*, que são capas coloridas feitas com muitas camadas de tecidos, plásticos e outros materiais. Mas essas obras não devem ficar apenas penduradas na parede. É preciso que sejam vestidas e que a pessoa se movimente para que a obra ganhe vida.

Parangolé P4 Capa 1 | 1964
tecidos pintados, plástico, corda, voil   105 x 94 x 9,8 cm

PRECISA DA
AUTORIZAÇÃO
DE UM ADULTO

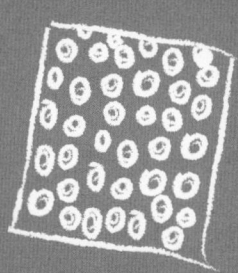

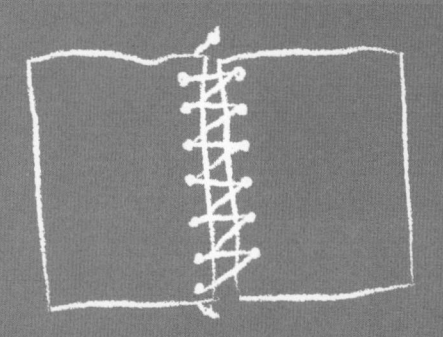

FAÇA FUROS
COM O FURADOR
DE PAPEL

DÊ UM NÓ E VÁ
PASSANDO PELOS FUROS
EM ZIGUE-ZAGUE

1. CONSIGA VÁRIOS PEDAÇOS DE TECIDO RETANGULARES OU QUADRADOS. ESCOLHA OS QUE TIVEREM AS **MELHORES CORES, TEXTURAS E CAIMENTOS.**

2. AMARRE OU COSTURE UM TECIDO NO OUTRO, USANDO FIOS, CORDAS OU CADARÇOS DE SAPATO PARA QUE FIQUE BEM FIRME, FAZENDO UMA GRANDE CAPA.

PRONTO! VOCÊ ACABA DE CRIAR SEU **PARANGOLÉ.**

3. AGORA VISTA-O, COLOQUE UMA **MÚSICA** E SAIA **DANÇANDO E RODANDO**, DEIXANDO AS CORES SE MISTURAREM.

SE QUISER, PEÇA A ALGUÉM QUE FILME OU FOTOGRAFE PARA VOCÊ ASSISTIR COM OS AMIGOS.

IBERÊ CAMARGO

RESTINGA SECA, RS, 1914 | PORTO ALEGRE, RS, 1994

Iberê Camargo dedicou sua vida à pintura, além de ter sido um importante gravurista. Em suas telas, usava uma massa espessa de tinta a óleo, geralmente em tons escuros, como o azul, o preto, o cinza e o roxo. Fez pinturas abstratas, além de paisagens e naturezas-mortas. Mas os brinquedos de sua infância, como bicicletas e carretéis, foram também temas constantes e marcantes de seus trabalhos. No final de sua vida, pintou muitas figuras humanas em cenários fantasiosos.

| Série Ciclistas | 1990   óleo sobre tela   159 x 185 cm

Iberê Camargo

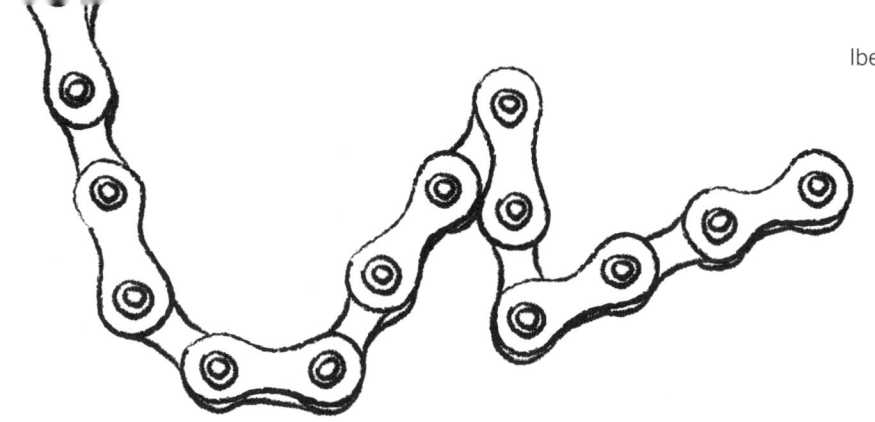

VOCÊ, QUE É UMA CRIANÇA ESPERTA,
PEGUE LÁPIS DE COR E CANETAS.
OBSERVE A OBRA À ESQUERDA E
DESENHE A SEU MODO, NUM PAPEL,
ALGUÉM ANDANDO DE BICICLETA.

| Capela do Morumbi | 1991   cobre, latão e tela metálica   600 x 380 x 200 cm

IOLE DE FREITAS

BELO HORIZONTE, MG, 1945

Iole de Freitas começou como artista praticando a chamada *body art*, a arte que faz uso do próprio corpo. Mais tarde, a produção de esculturas passou a ser o seu principal trabalho. Usando materiais como arame, cobre, tela, alumínio, pedra, aço, acrílico, entre outros, a artista constrói formas imensas e onduladas, que podem ser penduradas na parede, dispostas no chão ou colocadas no espaço. Suas esculturas, que misturam diferentes materiais, em torções e curvas que, por vezes, exigem cálculos de engenharia para que possam ficar firmes e estáveis no espaço, parecem flutuar no ar. Alguns de seus trabalhos são tão grandes que podem ocupar prédios inteiros e mesmo sair pelas janelas dos museus.

Iole de Freitas

AMASSE, ESTIQUE, TORÇA, DOBRE, COLE, PRENDA, AMARRE!

SELECIONE OS DIFERENTES MATERIAIS QUE VAI USAR EM SUA NOVA ESCULTURA DE PAREDE. PODE SER PAPEL-CELOFANE COLORIDO, PAPEL-ALUMÍNIO, O ROLO DO PAPEL-ALUMÍNIO, PAPEL CREPOM, ARAME, UMA MOLA DE PLÁSTICO, FITA PRATEADA, BARBANTE, TELINHA DE ARAME, PEDAÇO DE PENEIRA E TUDO O MAIS QUE VOCÊ CONSEGUIR. (VALE USAR COLA E FITA ADESIVA!)

FAÇA DA SUA ARTE UMA **LOUCURA** JUNTANDO TODO TIPO DE FORMA E MATERIAL, MISTURANDO **TODO TIPO DE TEXTURA!**

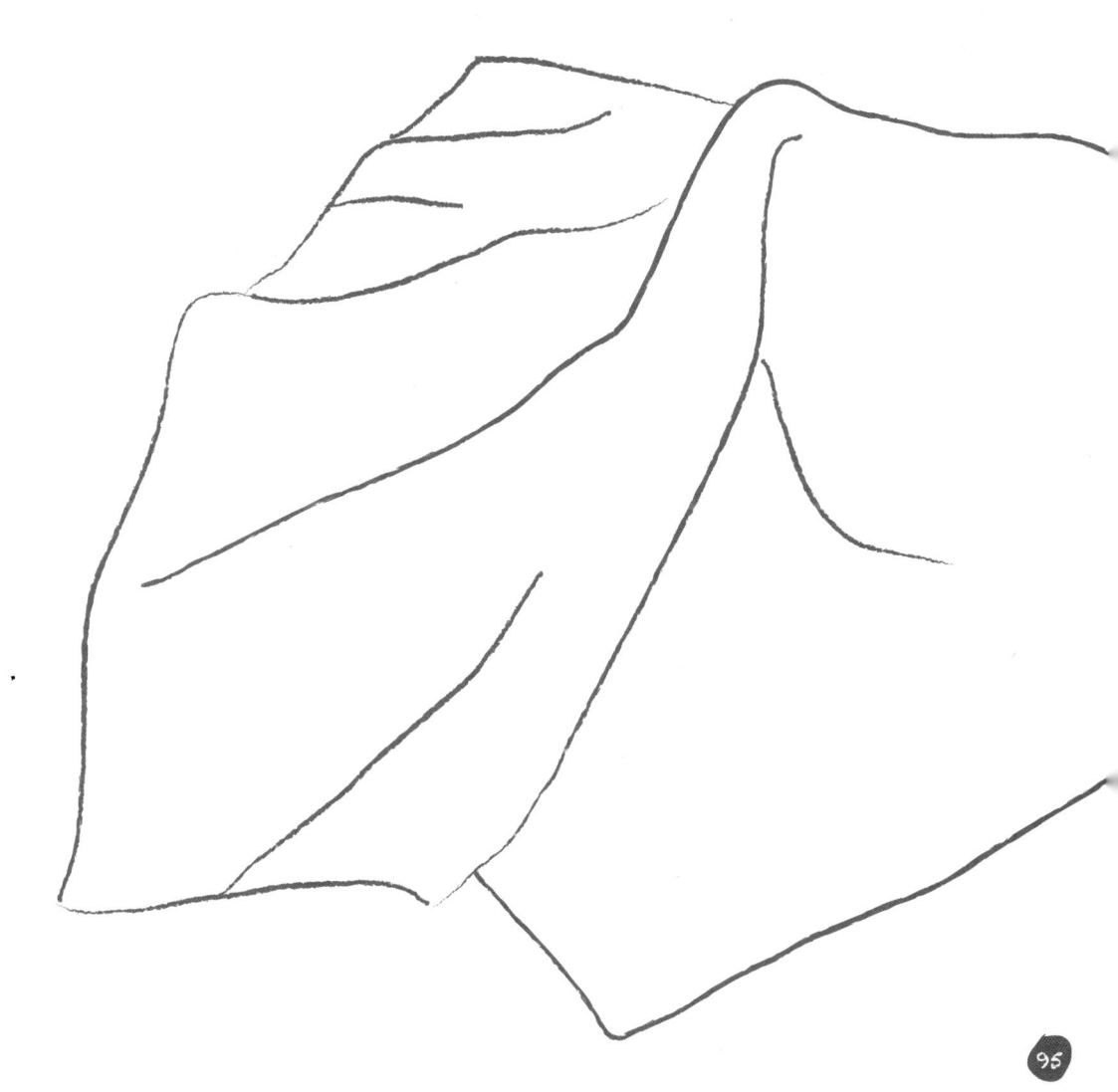

| En passant | 2008   látex sobre parede   dimensões variáveis

IRAN DO ESPÍRITO SANTO
MOCOCA, SP, 1963

Iran do Espírito Santo escolhe materiais como aço, granito, espelho e cristal para construir suas esculturas de superfícies muito lisas, brilhantes ou transparentes. O artista revela a beleza de objetos comuns, como lâmpadas, garrafas, caixas, copos e tigelas. Iran também faz pinturas diretamente nas paredes, que produzem jogos de ilusão de ótica, luz e movimento. Na busca por formas perfeitas, ele trabalha com pouquíssimas cores, variando quase sempre entre o branco, o preto e o cinza.

Iran do Espírito Santo

COLOQUE AS GOTAS DE TINTA PRETA NA TAMPA DO POTE DE TINTA BRANCA

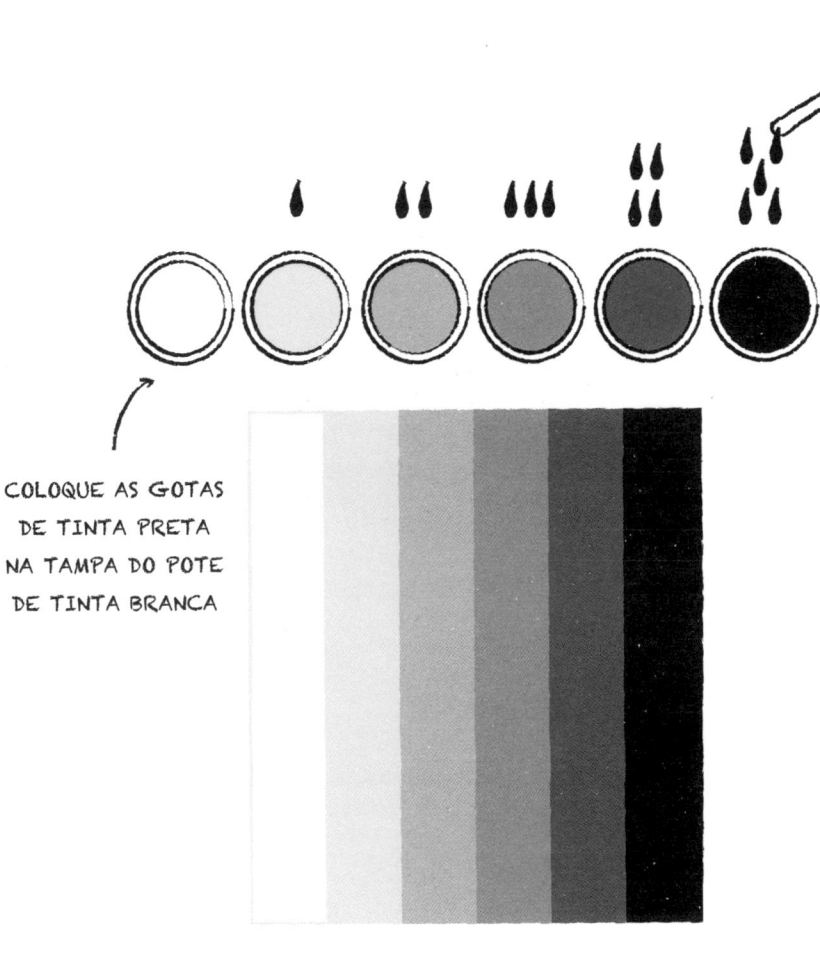

VOCÊ SABE O QUE É DEGRADÊ?

É UM EFEITO QUE ACONTECE QUANDO DUAS CORES SÃO MISTURADAS AOS POUCOS, FORMANDO UMA TRANSIÇÃO SUAVE ENTRE ELAS.

PARA CRIAR O SEU DEGRADÊ, PEGUE UM POTE DE TINTA BRANCA E UMA TELA (PODE TAMBÉM SER UMA FOLHA DE CARTOLINA) E PINTE UMA PRIMEIRA FAIXA BEM RETINHA.

EM SEGUIDA, EM UM POTE VAZIO, COLOQUE UM POUCO DE TINTA BRANCA, PINGUE ALGUMAS GOTINHAS DE TINTA PRETA E MISTURE. TESTE NUMA FOLHA DE PAPEL DE RASCUNHO, PARA TER CERTEZA DE QUE O TOM ESTÁ CORRETO, E PINTE A SEGUNDA FAIXA.

REPITA O PROCESSO PINGANDO CADA VEZ MAIS GOTINHAS DE TINTA PRETA NA TINTA BRANCA, ESCURECENDO A TINTA A CADA ETAPA, ATÉ CHEGAR AO PRETO.

ESTÁ PRONTO O SEU DEGRADÊ!

| Formas | 1951 óleo sobre tela 97 x 130,2 cm

Ivan Serpa

RIO DE JANEIRO, RJ, 1923 | RIO DE JANEIRO, RJ, 1973

Ivan Serpa começou a trabalhar como artista ainda muito jovem. Nos anos 1940, fez a passagem de uma arte figurativa para a arte abstrata. Alguns críticos de arte diziam que ele era um pintor "contra o estilo", pois estava sempre buscando novas formas de pensar a sua pintura. Além de ser pintor, Serpa deu aulas de arte durante muitos anos no Museu de Arte Moderna do Rio de Janeiro e em seu ateliê. Ele foi professor de diversos artistas importantes, além de muitos outros que foram marcados para sempre por sua arte e sua generosidade de mestre.

Ivan Serpa

INSPIRE-SE NA OBRA DE IVAN SERPA!
COLOQUE UMA FOLHA COM ALGUMA TRANSPARÊNCIA SOBRE O DESENHO ABAIXO E RISQUE COM UM LÁPIS AS LINHAS MARCADAS. DEPOIS PASSE A COLORIR AS FORMAS DO DESENHO USANDO A SUA COMBINAÇÃO DE CORES FAVORITA. DIVIRTA-SE!

AS ATIVIDADES MAIS SIMPLES PODEM SER AS MAIS GOSTOSAS!

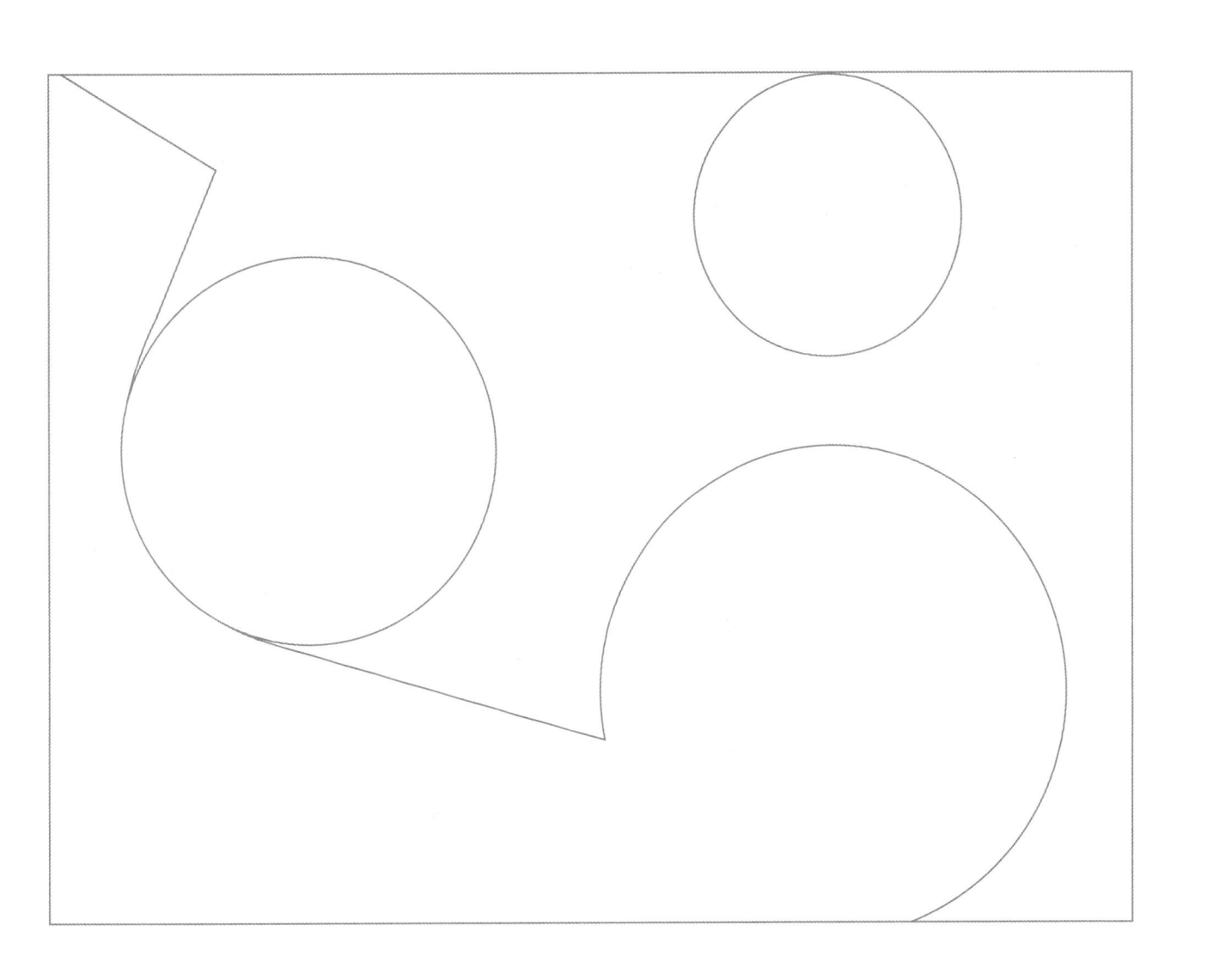

| **Mapa mudo** | 1979   concreto armado e vidro   140 x 133 x 8 cm

IVENS MACHADO
FLORIANÓPOLIS, SC, 1942 | RIO DE JANEIRO, RJ, 2015

No começo de sua carreira, Ivens Machado produziu desenhos, vídeos e performances em que seu corpo e o de outras pessoas parecem estar em estado de tensão ou expectativa. Mais tarde, ele construiu sua obra a partir de materiais como cimento, concreto, pedras, toras de madeira, vergalhões de ferro e cacos de vidro, que são também bastante utilizados na construção de casas, edifícios, pontes e viadutos. A obra *Mapa mudo*, um mapa do Brasil feito de concreto sobre o qual o artista cravou muitos cacos de vidro verde, como os que são vistos protegendo os muros e prédios da cidade, nos passa a ideia de perigo e violência ocupando o território de nosso país.

Ivens Machado

JÁ PAROU PARA PENSAR QUE O FORMATO DOS MAPAS DOS PAÍSES SÃO COMO ESCULTURAS MOLDADAS PELAS MÃOS DA POLÍTICA, DA HISTÓRIA E DA GEOGRAFIA?

E QUE FORMATO ÚNICO ELAS ACABAM TENDO!

FAÇA UM MODELO DO MAPA DO BRASIL COM ARGILA. PODE SER DO TAMANHO QUE VOCÊ QUISER. DEPOIS FAÇA PEQUENOS TUFOS DE PAPEL-CELOFANE VERDE, PARA QUE SIRVAM DE FLORESTA, E PRENDA EM PALITOS DE DENTE, COM FITA ADESIVA, SE PRECISAR. EM SEGUIDA, CRAVE SUA MINIÁRVORE NA ARGILA AINDA MOLHADA.

CUIDE BEM DO SEU PAÍS!

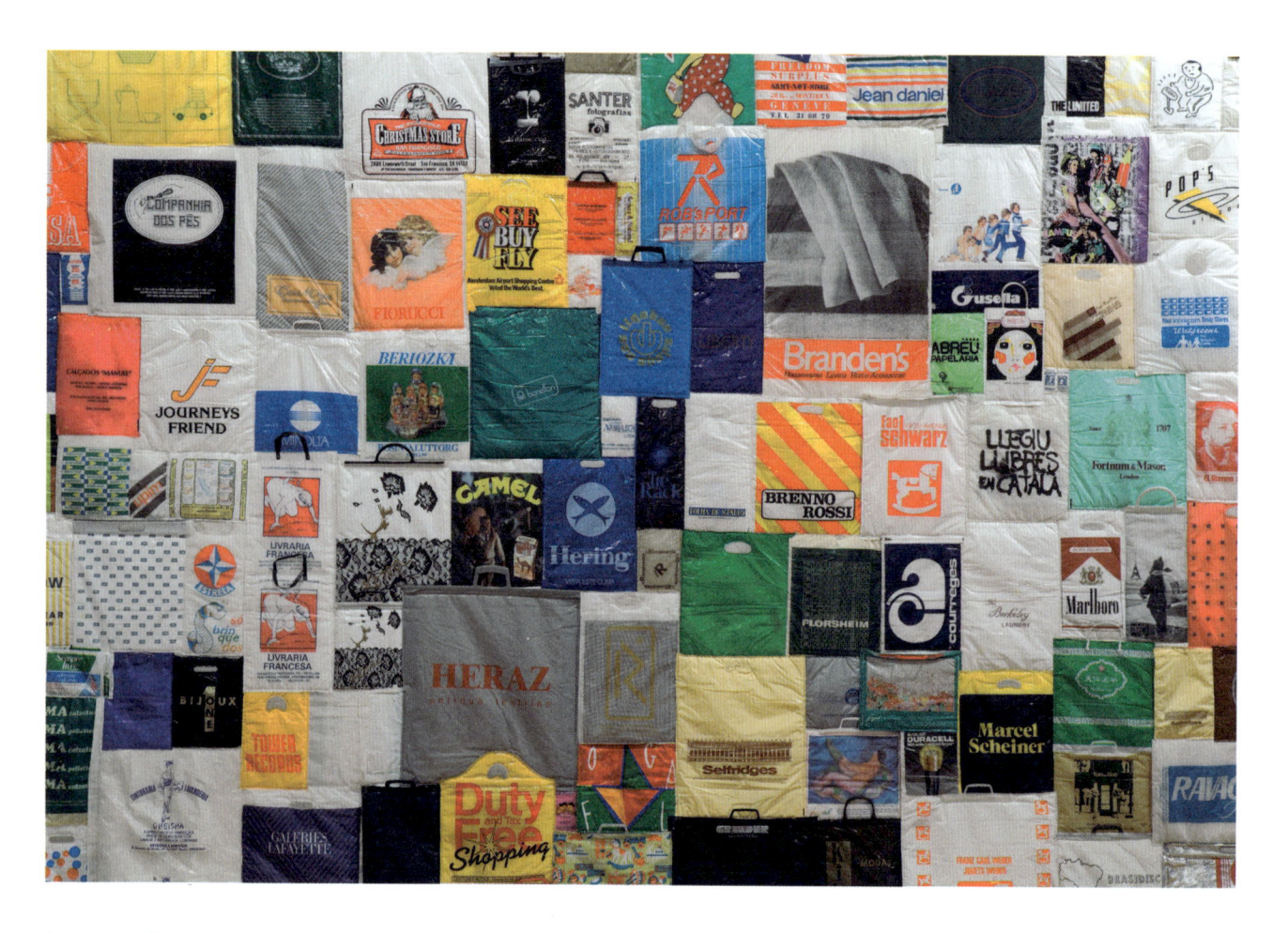

| **Nomes** | 1989   entretela, manta de poliéster e sacolas plásticas   dimensões variáveis

JAC LEIRNER
SÃO PAULO, SP, 1961

Sacolas de plástico, réguas, maços de cigarro, cinzeiros, envelopes de correspondência e cartões de visita são alguns dos objetos que Jac Leirner coleta para compor suas obras. Como uma verdadeira colecionadora, a artista organiza os objetos que recolhe a partir de suas cores, tamanhos e desenhos originais. Esses arranjos se transformam em pinturas e esculturas de grande beleza. Ao utilizar sacolas de produtos, de lojas e de museus do mundo todo, ou ao usar uma grande quantidade de notas velhas de dinheiro, Jac revela seu olhar crítico e irônico sobre o consumo.

RECICLE COM ARTE!

INSPIRE-SE NA OBRA DE JAC LEIRNER E FAÇA UMA GRANDE COLAGEM COM SACOLAS. ESCOLHA AS MAIS COLORIDAS QUE CONSEGUIR E VEJA COMO, LADO A LADO, ELAS FORMAM UMA BELA COMPOSIÇÃO.

cole uma sacola na outra

COLE A PONTA COM FITA DUPLA FACE E DOBRE PARA COLAR

JANAINA TSCHÄPE
MUNIQUE, ALEMANHA, 1973

Em suas pinturas, fotografias, vídeos e esculturas, Janaina Tschäpe cria um universo povoado de seres e personagens que habitam florestas e mares fantásticos. A artista constrói uma mitologia própria, onde toda a natureza é inventada por ela, seja em pinturas que revelam paisagens imaginárias, seja em fotografias e vídeos nos quais ela mesma ou seus amigos se vestem com figurinos divertidos para encenar situações fabulosas.

Maia 1 (from The Sea and The Mountain) | 2004   cibacromo   40 x 50 cm

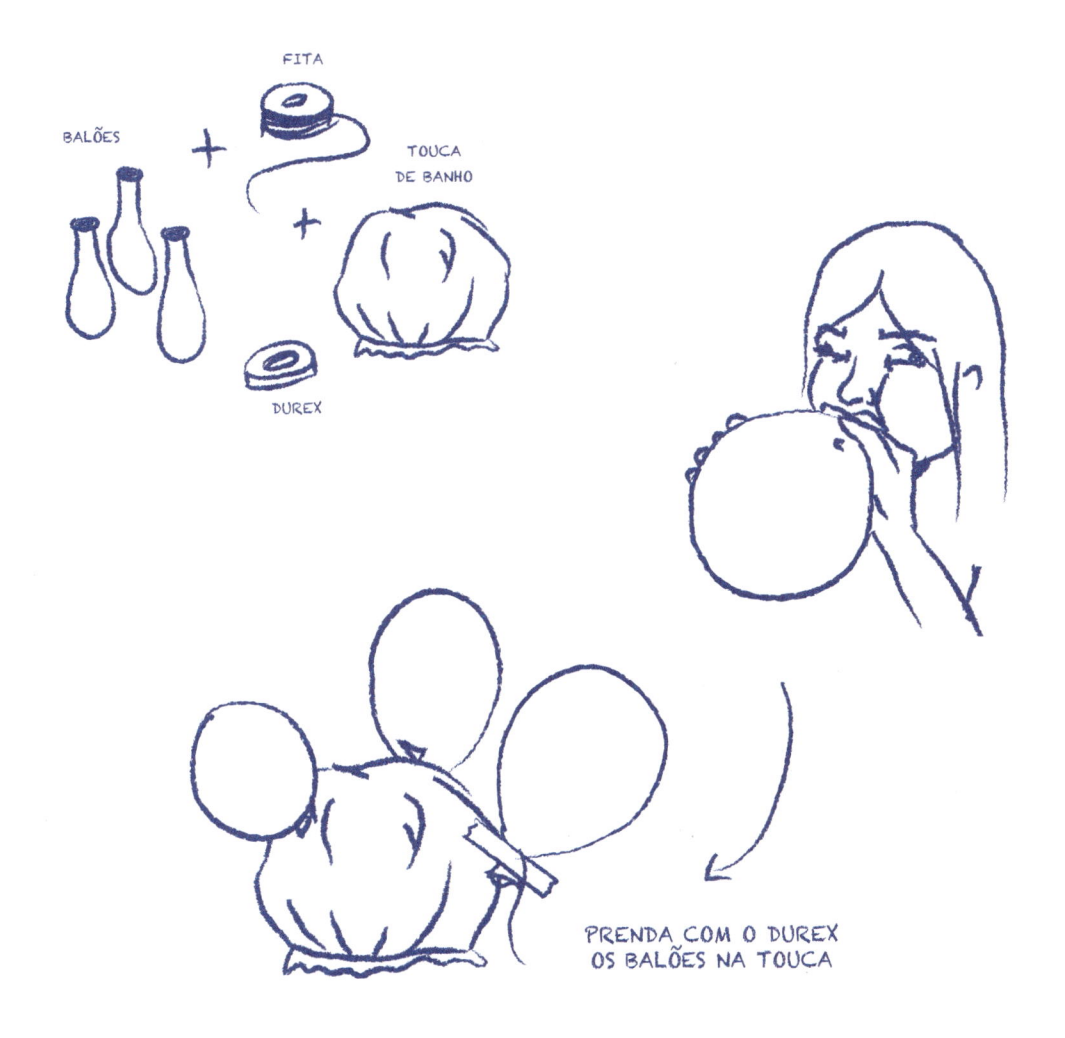

JÁ SE IMAGINOU COM UMA CABELEIRA MALUCA?

PRIMEIRO JUNTE BALÕES DE FESTAS, FITA ADESIVA E UMA TOUCA DE BANHO. EM SEGUIDA, FAÇA PEQUENOS FURINHOS ESPALHADOS PELA TOUCA. ENCHA OS BALÕES, AMARRE COM BARBANTE OU LINHA DE COSTURA E PASSE A PONTINHA PELO FURO DA TOUCA. PRENDA A PONTINHA DO BALÃO COM FITA ADESIVA NO VERSO DA TOUCA, SE FOR PRECISO. QUANDO A CABELEIRA DE BALÕES ESTIVER COMPLETA, VISTA A TOUCA E SAIA POR AÍ DESFILANDO SEU NOVO ESTILO.

AGORA VÁ LOGO PRODUZIR SUA PERUCA!

| **Inflamável** | 2006   plástico tramado   250 x 250 cm

JARBAS LOPES
NOVA IGUAÇU, RJ, 1964

Jarbas Lopes pensa o seu trabalho a partir do jogo, do humor e do reaproveitamento de materiais, valorizando o artesanal e o original. Além de objetos, Jarbas faz performances, instalações e também obras sonoras. Usa painéis de campanhas políticas para fazer suas telas tramadas, reveste bicicletas com vime ou borracha, cria casulos de barro, além de ter construído uma obra de arte incrível, em que mistura as cores de três carros, trocando entre eles as portas, os porta-malas, os para-lamas e os capôs, criando um carro multicolorido.

ESSA É PARA OS AMANTES DO FUTEBOL.

CONSIGA DUAS BANDEIRAS, TOALHAS, TECIDOS OU CARTOLINAS COM CORES DE DOIS TIMES DIFERENTES. CORTE AS DUAS EM VÁRIAS TIRAS DO MESMO TAMANHO, COM DOIS OU TRÊS CENTÍMETROS DE LARGURA. SE PREFERIR, VOCÊ TAMBÉM PODE USAR FITAS JÁ PRONTAS, DAS CORES DA BANDEIRA DO SEU TIME. TRAME UMA NA OUTRA COMO INDICADO NO DESENHO.

FAÇA UMA BAINHA COM FITA ADESIVA, OU USE UM GRAMPEADOR PARA PRENDER AS PONTAS DAS TIRAS, PARA O TRANÇADO NÃO SE DESFAZER.

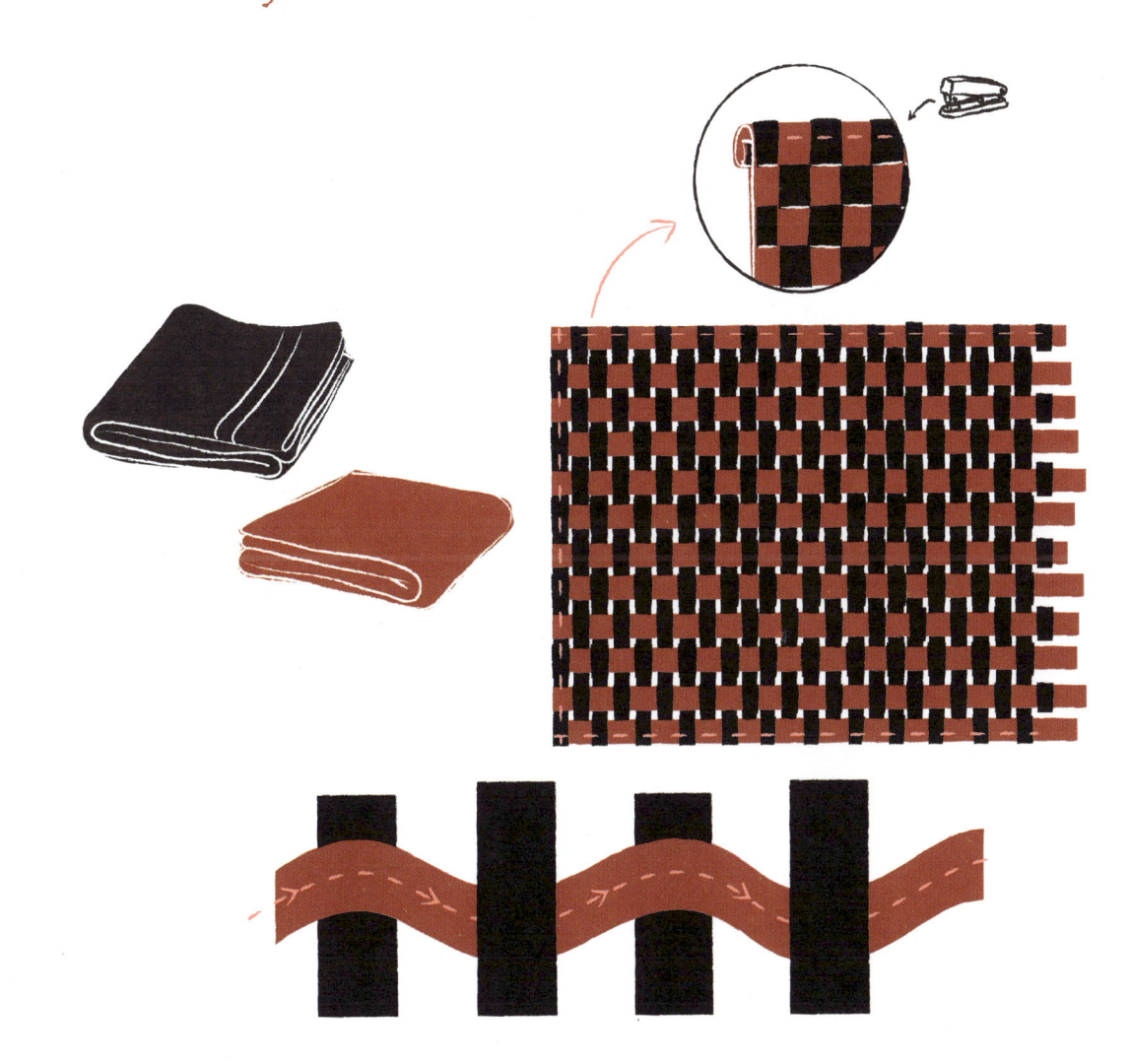

| mel | excesso | faca | razão |

| atrasado | saque | brasil | colônia |

| tijolo | riqueza | faísca | perdido |

| **Educação para adultos** | 2010   sessenta cartazes   34 x 46 cm cada

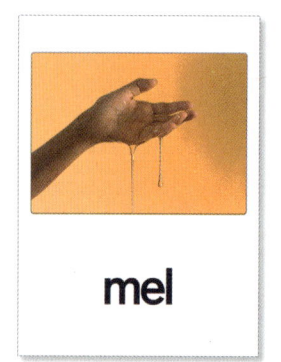

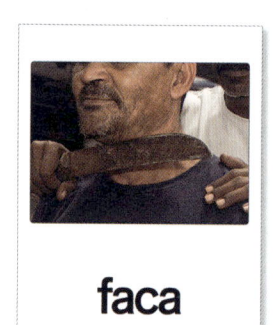

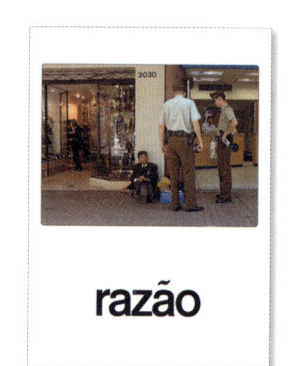

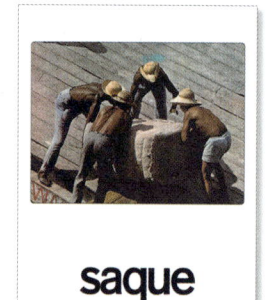

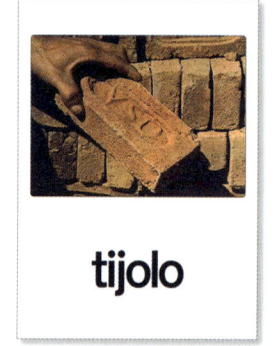

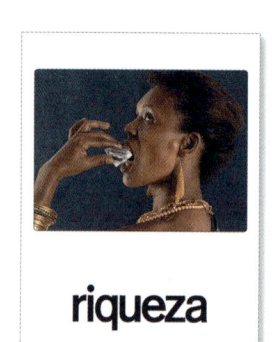

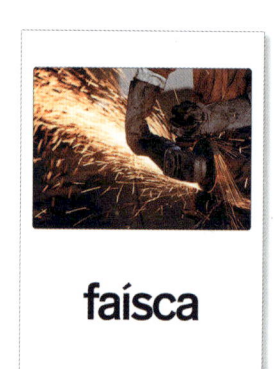

JONATHAS DE ANDRADE
MACEIÓ, AL, 1982

Jonathas de Andrade trabalha com vídeos, fotografias e instalações. Sua obra nos permite ver e conhecer hábitos, costumes e características da cultura brasileira. Sua pesquisa, muitas vezes, parte do encontro do artista com pessoas comuns de diversas regiões do Brasil. Em *Educação para adultos*, Jonathas se reuniu durante um mês com lavadeiras e costureiras do Recife e, a partir dessas conversas, criou uma série de cartazes com palavras e imagens. Esse trabalho, e também os encontros, tiveram inspiração nas ideias do educador brasileiro Paulo Freire e em seu método de alfabetização para adultos.

CADA UM NO SEU RETÂNGULO!

JUNTE ALGUNS AMIGOS E CONVERSEM SOBRE O QUE ACONTECEU NO DIA ANTERIOR OU SOBRE ALGUM TEMA QUE CONSIDEREM IMPORTANTE.

ESCOLHAM, AO FIM DA CONVERSA, 12 PALAVRAS QUE CHAMARAM A ATENÇÃO DE VOCÊS.

SAIAM POR AÍ, CADA UM POR SI, PROCURANDO EM REVISTAS E JORNAIS, OU NA INTERNET, IMAGENS QUE REPRESENTEM ESSAS PALAVRAS.

FAÇAM 12 FICHAS, USANDO A METADE DE UMA FOLHA DE PAPEL A4, ESCREVENDO UMA PALAVRA EM CADA UMA DAS FOLHAS E DEIXANDO O ESPAÇO RESERVADO PARA A IMAGEM.

COLEM AS IMAGENS NO ALTO DA FOLHA E DEPOIS SE REÚNAM NOVAMENTE PARA VER E COMPARAR COMO FICARAM AS FICHAS.

POR FIM, PENSEM COMO ESSAS IMAGENS SE RELACIONAM COM AS QUESTÕES QUE VOCÊS DISCUTIRAM.

O PODER É DE TODOS!

| **Sem título** | da série O outro   1998   grafite sobre papel   29,7 x 21 cm

JOSÉ BECHARA
RIO DE JANEIRO, RJ, 1957

José Bechara faz pinturas sobre lona, em que, no lugar de tinta e pigmento, usa ferrugem, criando diferentes efeitos cromáticos. Seus desenhos e esculturas têm uma relação estreita com a arquitetura. As esculturas e instalações podem ser feitas de mesas e cadeiras empilhadas, pilhas de móveis saindo para fora de janelas e portas, ou de barras de ferro e vidro. Alguns de seus desenhos parecem ganhar volume e tornar-se escultura, como o balão da série *O outro*.

FAÇA O DESENHO DE UM BALÃO SÓ COM TRAÇOS RABISCADOS. DEIXE O TRAÇO CORRER BEM SOLTO PELO PAPEL. SÓ NÃO ESQUEÇA QUE VOCÊ ESTÁ FAZENDO UM BALÃO! E LEMBRE-SE DE VERIFICAR SE OS RABISCOS ESTÃO BEM AMARRADOS ANTES DE COMEÇAR SUA VIAGEM PELOS ARES.

| Dance on the floor (step by step) | 2006   mármore   oitocentas peças   dimensões variáveis

JOSÉ DAMASCENO
RIO DE JANEIRO, RJ, 1968

José Damasceno é escultor e trabalha com materiais e objetos diversos. Suas obras podem ser feitas com martelos, lápis, peças de xadrez, capachos, pedras e mesmo com materiais industriais, como concreto e alumínio. Na obra *Dance on the floor (step by step)*, Damasceno cria trilhas pelo chão, com pegadas de mármore que nos conduzem pelo salão numa coreografia imaginária.

José Damasceno

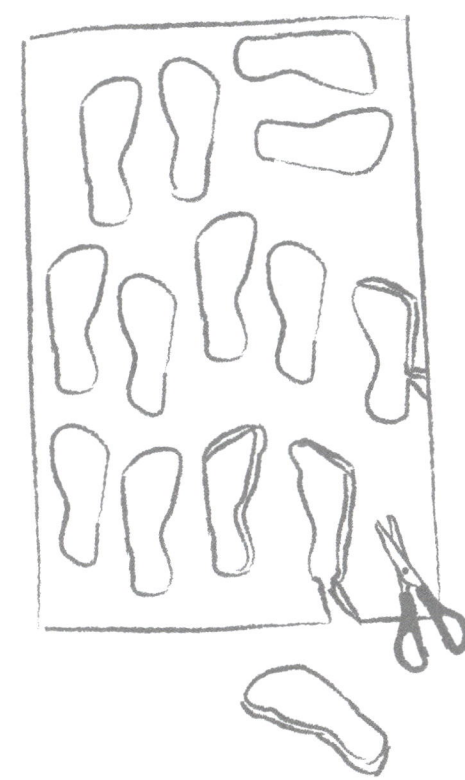

PRECISA DA AUTORIZAÇÃO DE UM ADULTO

CORTAR COM TESOURA OU ESTILETE

DEIXE PEGADAS ENGRAÇADAS PELA CASA.

1. PEGUE UMA FOLHA DE ISOPOR (OU UMA FOLHA DE EVA, QUE VOCÊ PODE ENCONTRAR EM PAPELARIAS) E NELA MARQUE COM UMA CANETA O CONTORNO DOS SEUS PÉS.

2. RECORTE E USE O MOLDE PARA FAZER MUITAS OUTRAS PEGADAS EM VÁRIAS FOLHAS DE ISOPOR OU EVA.

3. DEPOIS RECORTE TODAS AS PEGADAS MARCADAS E AS ESPALHE PELA CASA.

AGORA DESCUBRA: QUEM SEGUIRÁ OS PASSOS DO ARTISTA?

JOSÉ PATRÍCIO
RECIFE, PE, 1960

O trabalho de José Patrício é um jogo de combinações. Ele constrói, de forma matemática, esculturas e pinturas com padrões e repetições. Suas obras são verdadeiros labirintos feitos de peças de dominó, botões de roupa ou dados, que são colocados lado a lado no chão ou nas paredes. O artista faz com eles o que chama de "pinturas numerosas", que são composições feitas com pequenos objetos similares, que se repetem lado a lado formando telas geométricas em diversos formatos.

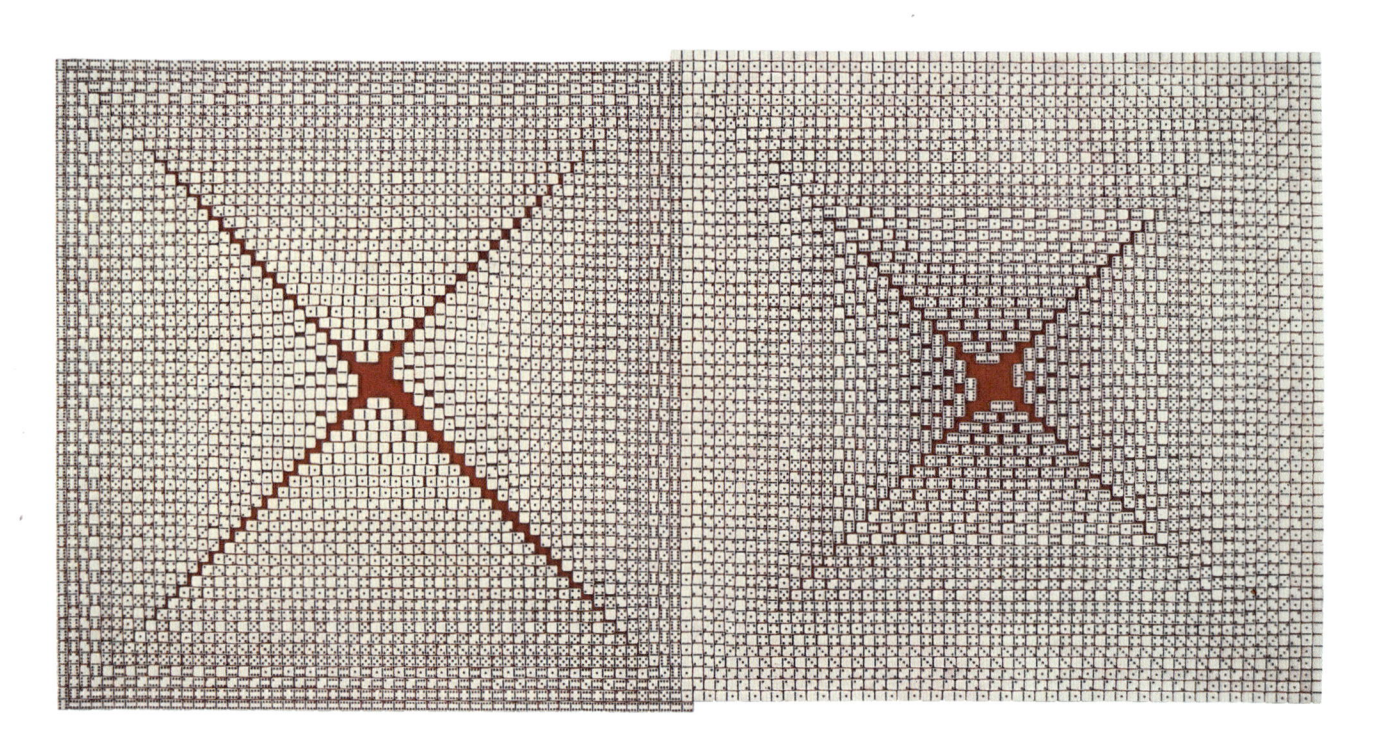

| **Ruptura** | 2002   esmalte sobre 3.136 peças de dominó de resina sobre madeira   82 x 161 cm

José Patrício

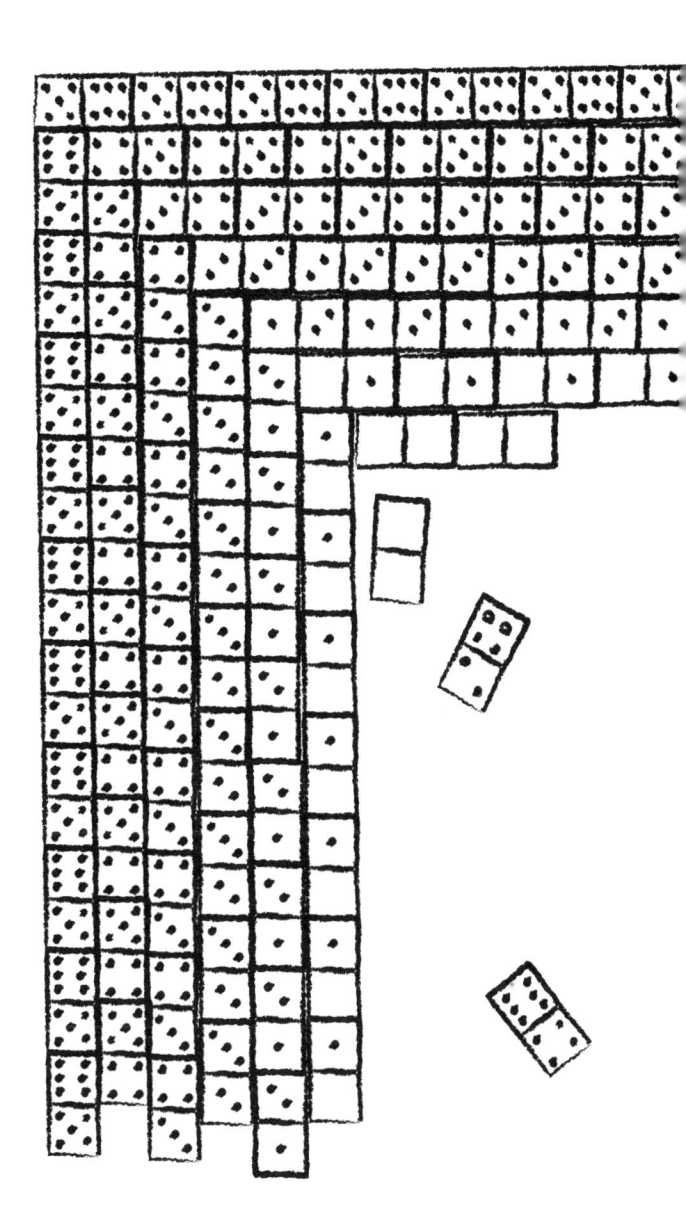

ESSA É PARA OS ARTISTAS PACIENTES.

JUNTE O MAIOR NÚMERO DE PEÇAS DE DOMINÓ QUE VOCÊ CONSEGUIR ENCONTRAR. EM SEGUIDA, ARRUME TODAS ELAS LADO A LADO NO CHÃO DA SALA, PARA FORMAR UM TAPETE.

E MUITA ATENÇÃO, POIS UM TROPEÇÃO PODE DESTRUIR A SUA OBRA.

| **Sem título** | 2001   seis vagões de carga sobre trilhos e cabos de aço de 2 polegadas de espessura   dimensões variáveis

JOSÉ RESENDE
SÃO PAULO, SP, 1945

José Resende constrói esculturas gigantes. No seu trabalho, cria com materiais como pedras, chapas de aço, vidro, lâminas de chumbo e líquidos, como água e mercúrio. Em uma de suas obras mais conhecidas, suspendeu dois vagões inteiros de trem! Essas enormes obras de arte muitas vezes tiram o fôlego de quem as vê, ao darem a sensação de que podem perder o equilíbrio e cair a qualquer momento, porque parecem estar penduradas por um fio. O artista, assim, desafia a gravidade buscando estabilidade a partir de composições instáveis.

José Resende

JUNTE ALGUNS BRINQUEDOS AUTOMOTIVOS QUE VOCÊ TIVER, COMO TRENS, CAMINHÕES E CARRINHOS. MONTE-OS EM ZIGUE-ZAGUE, EQUILIBRANDO E AMARRANDO UM BRINQUEDO NO OUTRO PARA CRIAR SUA ESCULTURA. USE BARBANTE OU FITA PARA DAR FORMA E FIRMEZA À SUA ARTE.

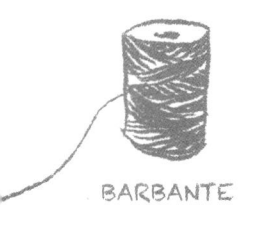

BARBANTE

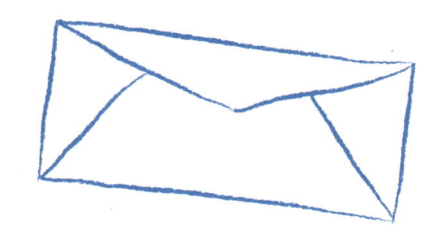

JOSÉ RUFINO

JOÃO PESSOA, PB, 1965

José Rufino trabalha com a memória, isto é, com lembranças de sua vida e da vida política do país. Para criar suas obras, usa móveis, por vezes cortados ao meio, e objetos solitários que parecem ter sido abandonados por alguém. Além disso, esqueletos e crânios são comuns em suas instalações, seus desenhos, suas monotipias e suas esculturas. Em *Cartas de areia*, o artista utilizou correspondências endereçadas ao seu avô, encontradas na gaveta de um antigo móvel da família, e pintou e desenhou sobre elas, mostrando que a memória pode ser, ao mesmo tempo, lembrança e invenção.

| **Da série Cartas de areia** | 1993 têmpera sobre envelope de família 15,5 x 24 cm

José Rufino

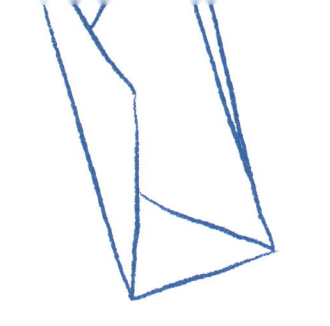

VOCÊ JÁ RECEBEU ALGUMA CARTA PELO CORREIO?

Reparou que cada envelope usado guarda uma memória especial, com seus selos, carimbos e pequenos amassados? Essas superfícies são os materiais ideais para a sua próxima criação. Encontre alguns envelopes já postados que chegaram a sua casa pelo correio e faça um desenho aproveitando os elementos que ali estão.

LAURA LIMA
GOVERNADOR VALADARES, MG, 1971

Laura Lima é uma artista que gosta de trabalhar com coisas vivas, criando experiências sensoriais para quem participa ou assiste às suas "ações", que é como são chamados seus trabalhos de arte. Em uma dessas ações, a artista levou uma vaca para passear à beira-mar. Em *Galinhas de gala*, Laura enfeitou as aves com penas e plumas coloridas e colocou-as dentro de um galinheiro sobre rodas. A artista também costuma brincar com a história da arte: em *Baile*, ela escolheu uma pintura anônima do século XVI, chamou artistas do carnaval carioca para confeccionar roupas inspiradas nas vestimentas retratadas na obra e, ao final, convidou amigos para reproduzir uma festa como a da pintura em um "grande baile" na Escola de Artes Visuais do Parque Lage, no Rio de Janeiro.

| Baile | 2003-2004

Laura Lima

A ARTE É UMA FESTA!

AO LONGO DA HISTÓRIA, MUITOS ARTISTAS ESCOLHERAM REPRESENTAR FESTAS, BAILES, ENTRE OUTRAS CELEBRAÇÕES DANÇANTES, COMO A OBRA NA QUAL LAURA LIMA SE BASEOU.

SIGA ESSA CADEIA FESTIVA E, A PARTIR DO TRABALHO "BAILE", DE LAURA LIMA, CONVIDE SEUS AMIGOS E FAÇA ROUPAS INSPIRADAS NA FOTO DA OBRA DA ARTISTA.

DEPOIS É SÓ COLOCAR UMA MÚSICA, COMEÇAR A FESTA E SE DIVERTIR.

AH, NÃO DEIXEM DE FOTOGRAFAR!

| Palavra/Palavra | 2007 acrílico 56,4 x 86,4 cm

LAURA VINCI
SÃO PAULO, SP, 1962

Laura Vinci é uma artista que ocupa os espaços com palavras. Em alguns de seus trabalhos, as formas e os materiais ajudam a revelar os diferentes estados em que a matéria pode se apresentar: gasoso, líquido e sólido. Por exemplo, a água evapora em bacias, o pó de mármore nos lembra a erosão das rochas e as maçãs exalam seu cheiro enquanto amadurecem durante uma exposição. Assim, a artista procura tornar visíveis algumas mudanças nos elementos e materiais, que às vezes não percebemos, dando forma ao que está em constante transformação.

Laura Vinci

PRECISA DA AUTORIZAÇÃO DE UM ADULTO

A B C D E F G
H I J K L M N
O P Q R S T U
V W X Y Z

1. CONSIGA UMA FOLHA DE PLÁSTICO TRANSPARENTE, COMO UM ACETATO.

2. ESCOLHA UMA PALAVRA E ESCREVA, A LÁPIS, DUAS VEZES NA FOLHA DE ACETATO, UMA EM CIMA E OUTRA EMBAIXO, USANDO AS LETRAS PONTILHADAS ACIMA COMO GUIA.

3. RECORTE A PRIMEIRA LETRA DA PALAVRA DE CIMA COM UM ESTILETE. NÃO RECORTE A SEGUNDA E RECORTE A TERCEIRA. E ASSIM POR DIANTE.

4. DEPOIS RECORTE DA PALAVRA DE BAIXO AS LETRAS QUE NÃO FORAM RECORTADAS NA PALAVRA DE CIMA.

5. USE CADA LETRA RECORTADA DE UMA PALAVRA PARA FAZER RELEVO NAS LETRAS CORRESPONDENTES QUE NÃO FORAM CORTADAS NA OUTRA PALAVRA.

SE UMA IMAGEM VALE MAIS DO QUE MIL PALAVRAS, IMAGINE UMA IMAGEM QUE É UMA PALAVRA!

| Onça Pintada 1 | 1984   acrílica sobre cobertor   185 x 150 cm

LEDA CATUNDA

SÃO PAULO, SP, 1961

Podemos chamar Leda Catunda de pintora-costureira. Ela faz suas obras sobrepondo tecido, tule, veludo, plástico, acolchoados, lona, couro, fórmica, toalhas, cortinas ou tapetes. Leda gosta de chamar suas telas de "pinturas moles", e elas podem ter as mais diversas formas e cores, com recortes inventivos, buracos, curvas, desenhos, além de volumes, formados por várias camadas de pano. Depois de costurar todos os materiais formando sua tela, muitas vezes a artista pinta sobre eles utilizando muitas cores.

Leda Catunda

PRECISA DA AUTORIZAÇÃO DE UM ADULTO

CONSIGA ALGUM TECIDO, TOALHA OU LENÇOL QUE TENHAM UM BICHO DESENHADO. ESSE PANO SERÁ SUA TELA. AGORA, COM AS TINTAS QUE VOCÊ QUISER, COMECE A COLORIR O DESENHO MUDANDO AS CORES DO ANIMAL.

PINTE COM CUIDADO PARA NÃO LEVAR UMA MORDIDA.

LENORA DE BARROS
SÃO PAULO, SP, 1953

Para Lenora de Barros, a palavra não é apenas aquilo que serve para descrever as coisas, por isso a artista transforma as palavras em matéria para criar vídeos, instalações, fotografias, performances e livros-objeto. Os olhos e a boca, o que usamos para ver e falar, são temas constantes de sua obra. É no embaralhar dessas duas ações que ela nos faz pensar sobre aquilo que muitas vezes fazemos de modo automático.

| **Homenagem a George Segal** | 1990   impressão em jato de tinta sobre papel de algodão   edição 3/3 + PA   150 x 110 cm

Lenora de Barros

PRECISA DA AUTORIZAÇÃO DE UM ADULTO

CERTAMENTE SEUS PAIS SEMPRE PEDEM QUE VOCÊ ESCOVE OS DENTES, PARA QUE FIQUEM BEM LIMPINHOS.

VOCÊ JÁ ESCOVOU TANTO OS DENTES QUE FICOU COM A CARA CHEIA DE ESPUMA? VAMOS BRINCAR DE EXAGERAR MAIS AINDA? MANTENDO A BOCA FECHADA, ESPALHE ESPUMA DE BARBA AO REDOR DA BOCA E FAÇA PARECER QUE AO ESCOVAR OS DENTES A PASTA DE DENTES NÃO PARA DE CRESCER NO SEU ROSTO.

TIRE FOTOS PARA REGISTRAR OS VÁRIOS ESTÁGIOS DESSA **ARTE BARBARIZANTE!**

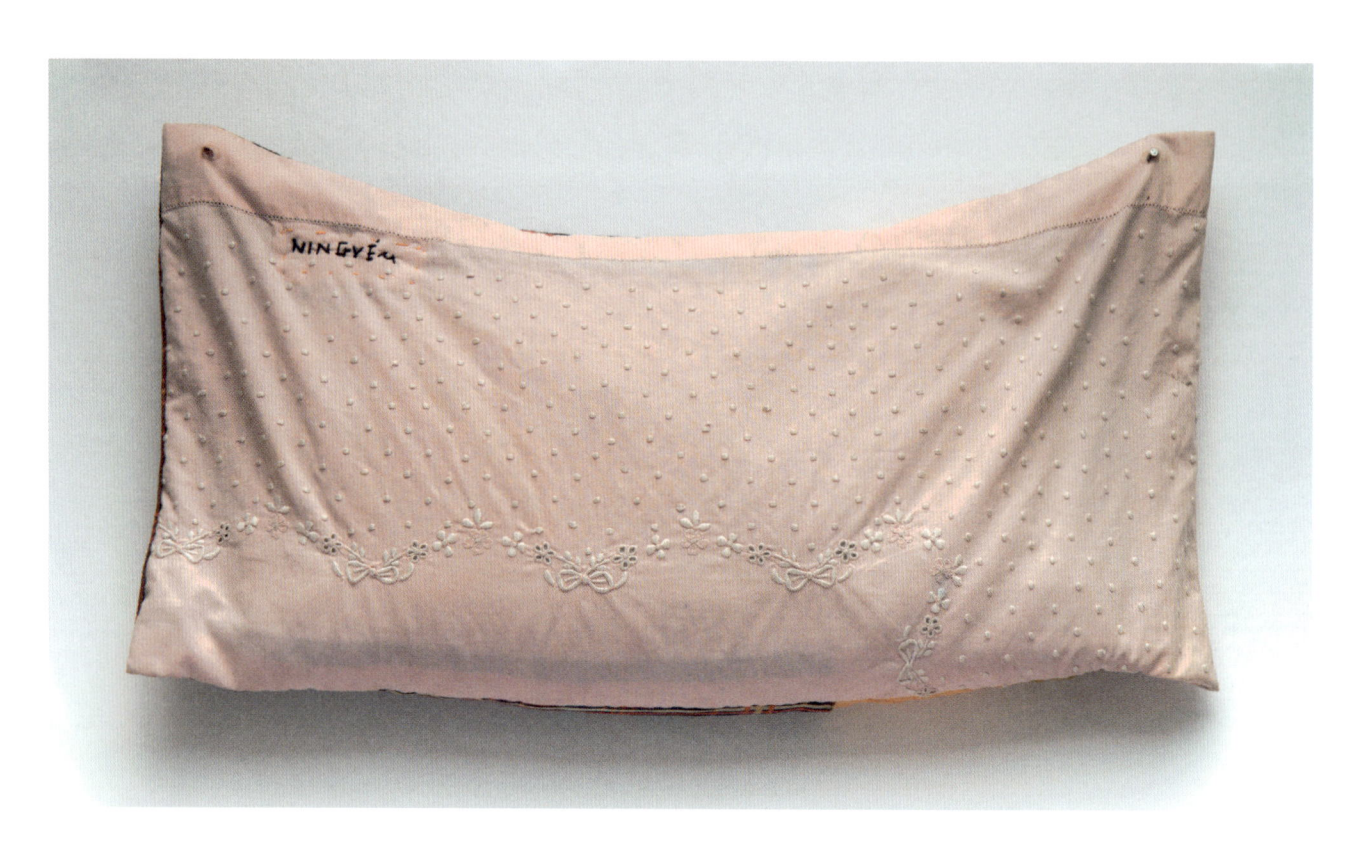

| Ninguém | 1992   bordado sobre fronha de algodão   22 x 43 cm

LEONILSON

FORTALEZA, CE, 1957 | SÃO PAULO, SP, 1993

Leonilson foi um artista que ampliou os campos da pintura e do desenho usando de maneira bastante pessoal a costura e o bordado sobre tecidos. Alguns elementos e pequenos objetos são recorrentes em sua obra, como o livro, a torre, o coração, a espiral, o relógio, a ampulheta, o oceano, mapas e personagens solitários. Palavras, poemas e frases inspirados em histórias de amor fazem parte de muitos de seus trabalhos. Por meio dessas delicadas obras, o artista produzia uma espécie de diário de sua vida.

VOCÊ JÁ COSTUROU ALGUMA VEZ?
NÃO?
ENTÃO É HOJE!

PRECISA DA AUTORIZAÇÃO DE UM ADULTO

PEGUE DOIS PEDAÇOS DE PANO DO MESMO TAMANHO E COLOQUE UM SOBRE O OUTRO. COM A AJUDA DE UM ADULTO, USE AGULHA E LINHA PARA COSTURAR AS DUAS PARTES, LEMBRANDO DE DEIXAR UM LADO ABERTO. POR ESSA ABERTURA, COLOQUE ESPUMA OU ALGUM OUTRO MATERIAL MACIO. DEPOIS COSTURE ESSE LADO TAMBÉM. SE ESTIVER COM PREGUIÇA, PODE PEGAR UM TRAVESSEIRO PRONTO! AGORA ESCOLHA UMA PALAVRA PARA BORDAR NUM DOS CANTOS DO TRAVESSEIRO, E ESTÁ PRONTA SUA ARTE. SE A COSTURA NÃO FOR O SEU FORTE, TUDO BEM, VOCÊ TAMBÉM PODE USAR UMA CANETA DE TECIDO PARA ESCREVER NO SEU TRAVESSEIRO.

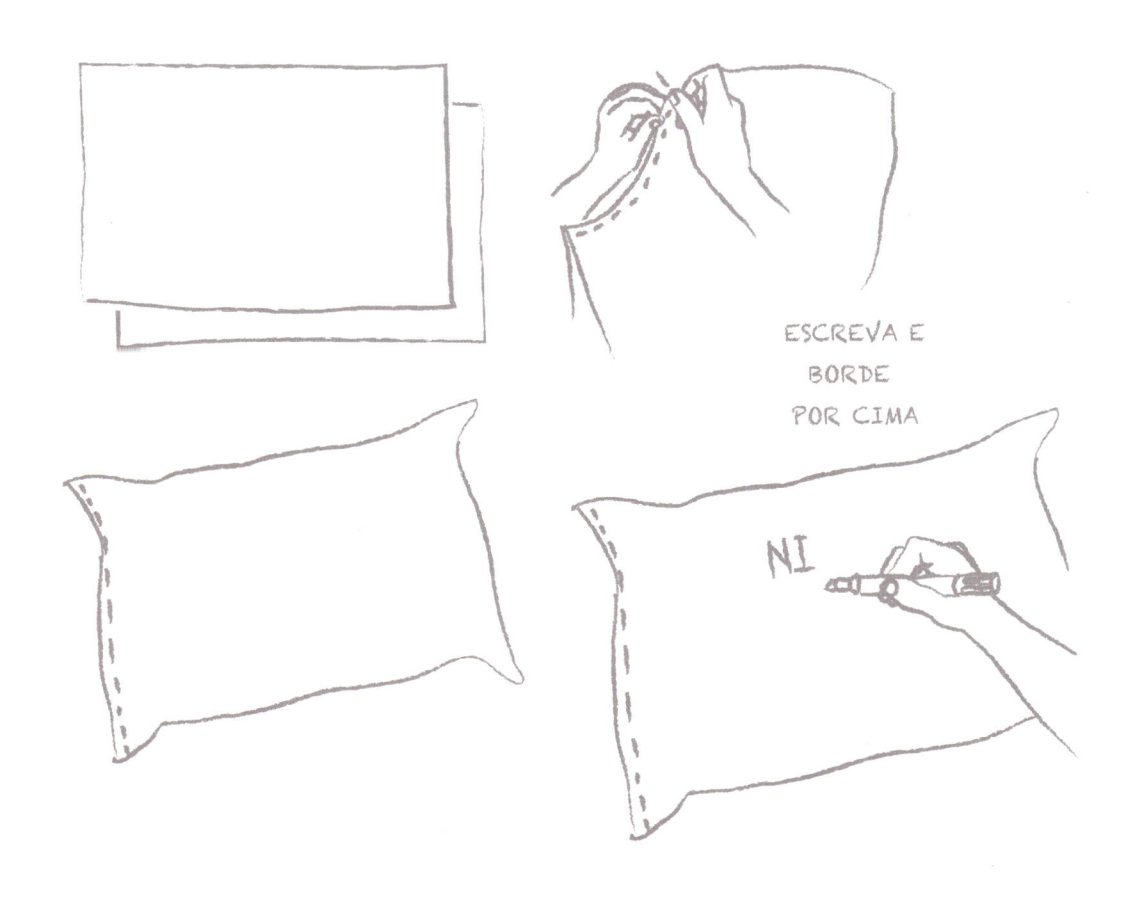

ESCREVA E BORDE POR CIMA

| Conversation | 2013
acrílico recortado a laser instalado nas portas originais de Bait Al Serkal 11ª Sharjah Biennial, EAU   200 x 100 cm cada

LUCIA KOCH
PORTO ALEGRE, RS, 1966

Lucia Koch colore o mundo através da luz. A artista usa em suas obras filtros de diversas cores que, aplicados sobre janelas e claraboias, projetam sombras coloridas no ambiente, a partir da entrada da luz do sol. Essas sombras são como pinturas que mudam de forma, cor e intensidade, movendo-se pelo espaço expositivo ao longo do dia, à medida que o sol vai mudando de posição no correr das horas. Lucia também fotografa caixas e embalagens vazias, que, como maquetes, parecem salas, corredores e outras partes de casas de verdade.

Lucia Koch

PRECISA DA AUTORIZAÇÃO DE UM ADULTO

fita de dupla face

fita métrica

papel-celofane colorido

tire as medidas dos vidros de sua janela

recorte o papel na medida do vidro

é preciso colocar a fita de dupla face no vidro, bem na pontinha, e depois encaixar o papel-celofane na janela.

UMA JANELA ENSOLARADA PODE VIRAR UMA OBRA DE ARTE.

ATENÇÃO! CHAME UM ADULTO PARA TE AJUDAR A ESCOLHER UMA JANELA EM QUE BATA SOL E QUE SEJA ADEQUADA PARA A ATIVIDADE NÃO FICAR PERIGOSA.

1. PEGUE FOLHAS DE PAPEL-CELOFANE DE VÁRIAS CORES.

2. TIRE A MEDIDA DOS VIDROS DA JANELA QUE QUER COLORIR E RECORTE O CELOFANE NO FORMATO CERTO.

3. COLOQUE A FITA DE DUPLA FACE NOS VIDROS E, EM SEGUIDA, COLE SEUS RECORTES NOS VIDROS DAS JANELAS, CADA UM COM UMA COR DIFERENTE.

PERCEBA COMO SUA ARTE SE TRANSFORMA AO LONGO DO DIA, À MEDIDA EM QUE O SOL VAI MUDANDO DE POSIÇÃO.

| Jardim nº 16 | 2013   acrílico e óleo sobre tela   160 x 160 cm

LUCIA LAGUNA

CAMPOS, RJ, 1941

Lucia Laguna foi professora de português durante anos. Depois que parou de dar aulas, resolveu pintar. E assim o Brasil ganhou mais uma grande artista. Suas telas costumam ser coloridas, com elementos e formas reconhecíveis, mas desconstruídos. Suas pinturas retratam, de modo muito particular, a vista da janela do ateliê da artista, de seu jardim, os objetos ao seu redor e a paisagem da cidade. Suas telas são primeiro pintadas com tinta acrílica, com elementos e cenas realistas. Depois, a artista pinta por cima de tudo com tinta a óleo, deixando aparente apenas pedacinhos dessas primeiras imagens realistas. Essa sobreposição de tintas e a fragmentação das imagens produz grande impacto visual nas pinturas.

Lucia Laguna

AS CIDADES E SUAS CONSTRUÇÕES SÃO CHEIAS DE ELEMENTOS QUE SE SOBREPÕEM UNS AOS OUTROS.

ESCOLHA CINCO ELEMENTOS QUE FAÇAM PARTE DE CASAS E PRÉDIOS, COMO PORTAS, JANELAS E CADEIRAS (OBSERVE A SUA VOLTA, NAS CONSTRUÇÕES DOS LUGARES POR ONDE VOCÊ PASSA).

DEPOIS, EM UMA FOLHA DE PAPEL, DESENHE APENAS ALGUMAS PARTES DOS OBJETOS QUE VOCÊ ESCOLHEU, COMO SE ELES ESTIVESSEM DESMONTADOS, ORGANIZANDO-AS COMO VOCÊ QUISER. INVENTE, PINTE.

CRIE UMA **CIDADE MALUCA** COM CORES DA SUA ESCOLHA E FORMAS DESCONSTRUÍDAS.

LUIZ ZERBINI

SÃO PAULO, SP, 1959

Na pintura de Luiz Zerbini, macacos, guitarras, iPods, palmeiras, cabos elétricos, praias e edifícios se encontram em grandes telas que misturam a força e a beleza da natureza com o mundo dos produtos industrializados. No meio de uma paisagem imensa, podem-se encontrar restos de brinquedos, boias, caixas de som e outros objetos inusitados. Mas sua pintura também pode ter temas abstratos, escuridões e geometrias coloridas, além de personagens, muitas vezes os próprios amigos. Zerbini é um pintor de telas exuberantes!

| Barrão | 1995   acrílica sobre tela   200 x 326 cm

Luiz Zerbini

QUE COISAS SEU AMIGO GOSTA DE FAZER?

QUAL O NOME DO SEU AMIGO?

QUAL O TIME DO SEU AMIGO?

O QUE PASSA PELA SUA CABEÇA QUANDO VOCÊ SE LEMBRA DO SEU AMIGO?

LIGUE PARA SEU MELHOR AMIGO, OU SUA MELHOR AMIGA, E CONVIDE-O PARA FAZER PARTE DA SUA ARTE.

VÁ ATÉ A CASA DELE, OU DELA, E FAÇA UMA LISTA DAS COISAS QUE ELE OU ELA MAIS GOSTA. DEPOIS, DESENHE-O COM SEUS OBJETOS PREFERIDOS. SE QUISER, CHAME-O PARA IR À SUA CASA E FAZER O MESMO COM VOCÊ.

NO FINAL, TROQUEM OS DESENHOS E AS INFLUÊNCIAS ARTÍSTICAS!

LYGIA CLARK

BELO HORIZONTE, MG, 1920 | RIO DE JANEIRO, RJ, 1988

Lygia Clark trilhou um caminho pouco comum nas artes visuais. Nos anos 1960, fez esculturas a que chamou de *Bichos*, que as pessoas podiam manusear mudando seu formato. Depois, Lygia fez também roupas, máscaras e objetos que mexiam com as sensações e os sentidos das pessoas. O tato, a audição, a visão e o olfato passaram a fazer parte dos seus trabalhos de arte. Com o tempo, o interesse de Lygia Clark pelo corpo e a mente foi crescendo, a ponto de ela se tornar uma "artista terapeuta", isto é, alguém que cuida das pessoas por meio do uso de seus objetos de arte.

| **Estrutura de caixas de fósforos** | 1964   caixas de fósforos, cola e tinta guache   dimensões variáveis

Lygia Clark

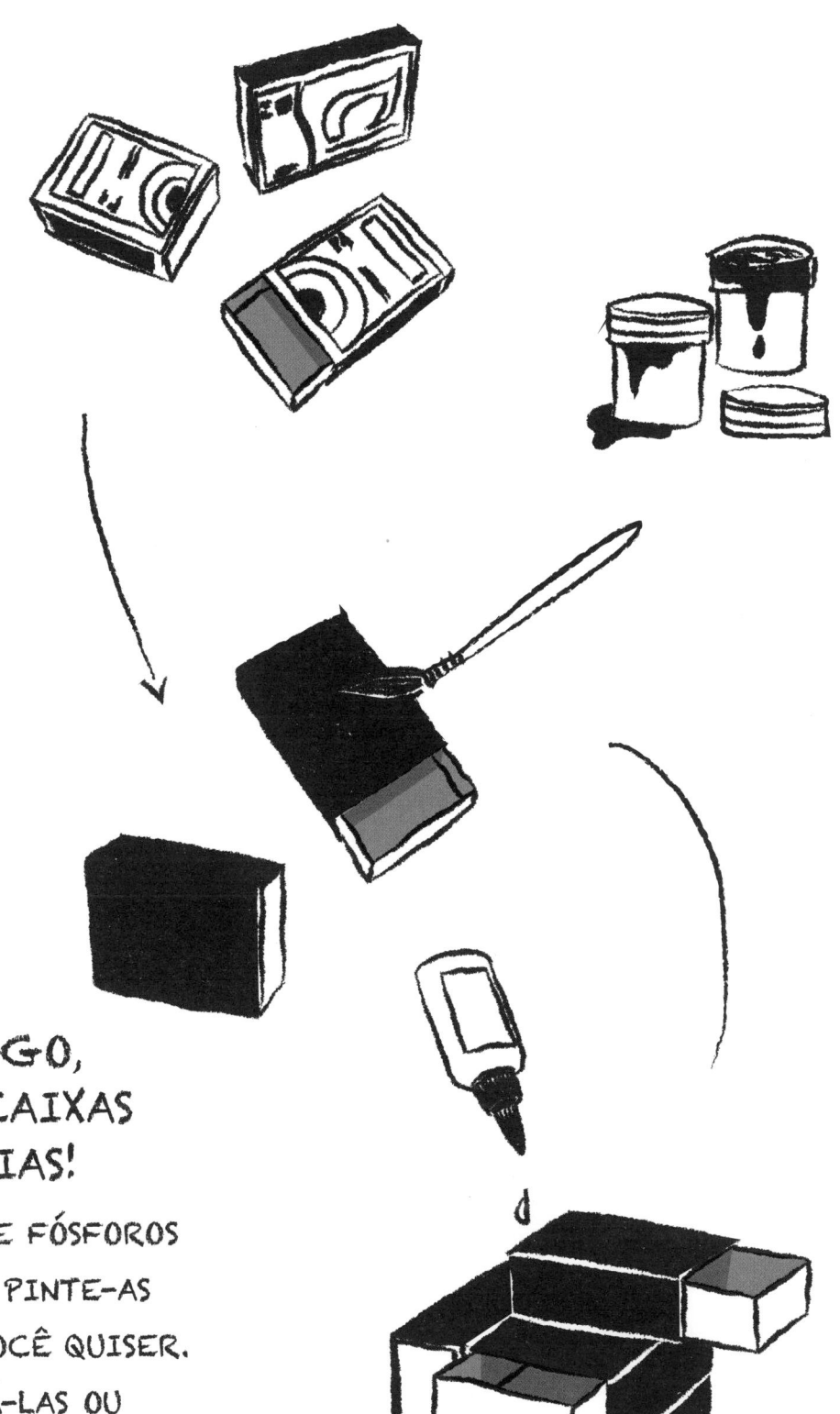

NÃO BRINQUE COM FOGO, MAS BRINQUE COM AS CAIXAS DE FÓSFOROS VAZIAS!

GUARDE AS CAIXAS DE FÓSFOROS VAZIAS DE SUA CASA. PINTE-AS COM AS CORES QUE VOCÊ QUISER. DEPOIS É SÓ ENCAIXÁ-LAS OU COLÁ-LAS UMAS NAS OUTRAS PARA CONSTRUIR SUAS ESCULTURAS.

LYGIA PAPE

NOVA FRIBURGO, RJ, 1927 | NOVA FRIBURGO, RJ, 2004

Lygia Pape fez parte do movimento neoconcreto, que era formado por um grupo de artistas que, entre outras coisas, produzia obras para manusear, comer, cheirar e vestir. Lygia começou sua carreira fazendo gravuras, pinturas e objetos geométricos, mas depois passou também a criar instalações. Alguns de seus trabalhos marcaram época, como *Caixa de baratas*, uma caixa de acrílico translúcido com um espelho no fundo, contendo muitas baratas formando uma espécie de coleção científica. Em *Divisor*, uma multidão de pessoas coloca cada uma a sua cabeça nos buracos recortados em um pano enorme. Pape foi também autora dos desenhos das embalagens dos biscoitos Piraquê, nos anos 1960, nos fazendo pensar sobre quanto um artista pode, por muitos caminhos, estar presente em nossas vidas.

| **Divisor** | 1968   pano branco com fendas   10 x 10 m

Lygia Pape

PRECISA DA AUTORIZAÇÃO DE UM ADULTO

PUXE O TECIDO FAZENDO UMA PONTA E MARQUE 10 CM DA PONTA ATÉ ONDE VOCÊ DEVERÁ CORTAR

ESTA É UMA ATIVIDADE PARA AMIGOS INSEPARÁVEIS!

PEÇA A UM ADULTO UM TECIDO BEM GRANDE (PODE SER UM LENÇOL OU UMA CANGA) E NELE FAÇA VÁRIOS BURACOS, PARA QUE CADA AMIGO POSSA COLOCAR A CABEÇA. LEMBRE-SE DE ESPALHAR BEM OS BURACOS PELO PANO. EM SEGUIDA, É SÓ CADA AMIGO ENTRAR NO SEU BURACO E SAÍREM TODOS ANDANDO JUNTOS POR AÍ...

MARCELO CIDADE

SÃO PAULO, SP, 1978

A obra de Marcelo Cidade fala principalmente sobre as ruas e os materiais que encontramos nas nossas cidades. Por meio de esculturas, objetos e instalações, Marcelo explora o que vemos em lugares como supermercados, obras de construção civil, lojas e muros. Em suas exposições, podemos encontrar ratoeiras de mármore, tapetes e câmeras de concreto, cubos mágicos de pedra ou vidros estilhaçados. Ele nos apresenta tudo isso com humor e, ao mesmo tempo, com uma forte crítica social.

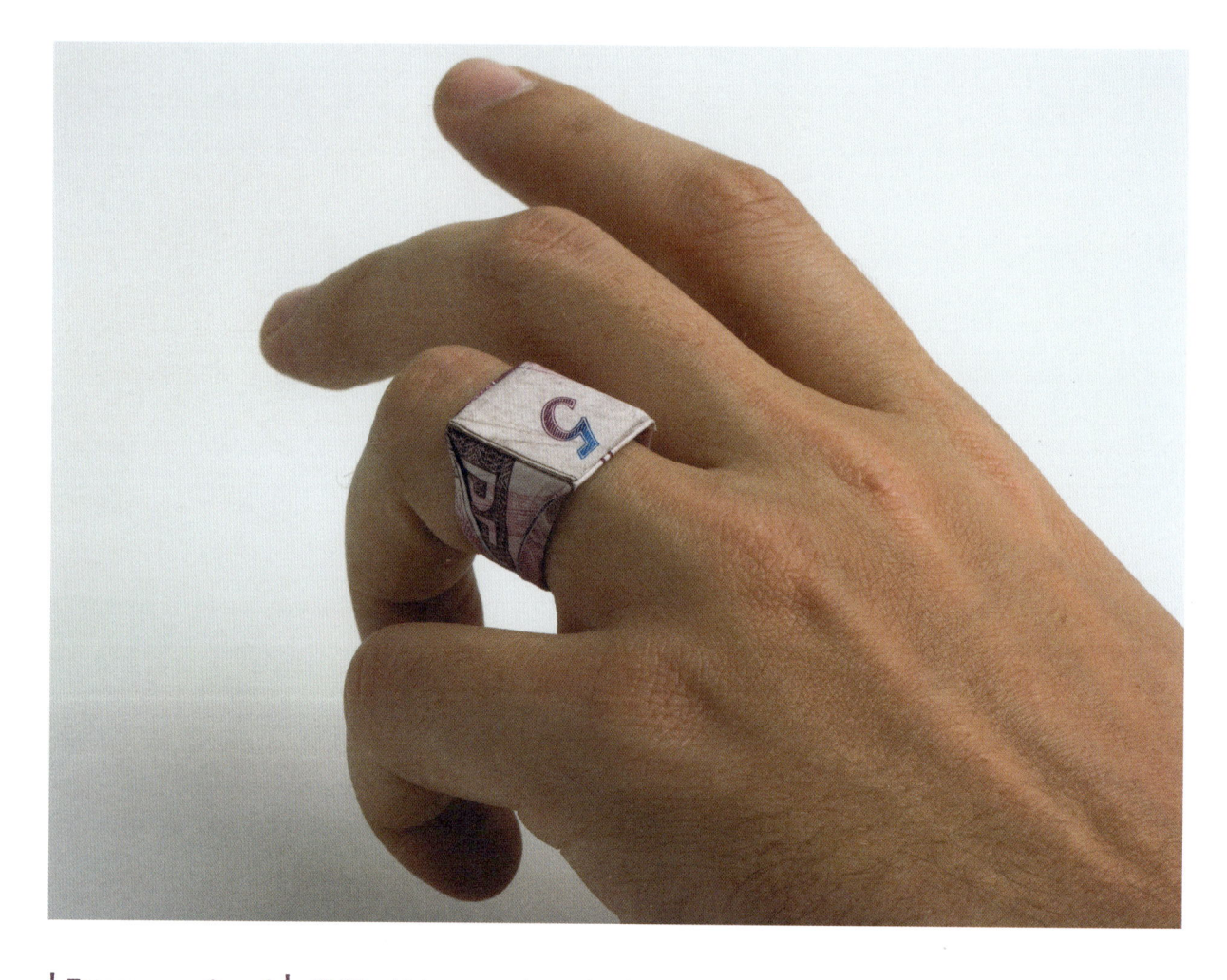

| **Transeconomia real** | 2007   objeto em papel-moeda   2,5 x 2,5 x 5 cm   políptico de sete partes (detalhe)

Marcelo Cidade

dobre e desdobre
na linha pontilhada

dobre para
o outro lado
para que ele
fique assim

repita na
parte de baixo

dobre e desdobre
na linha pontilhada
e vire o papel.
ele vai ficar assim

faça o mesmo
no outro lado

puxe as
abas

NO CASO DE UMA **EMERGÊNCIA**, É SEMPRE
BOM TER UM **TROCADINHO** POR PERTO.

ESSA NOVA MODA VAI RESOLVER DE UMA VEZ POR TODAS ESSE
PROBLEMA COM UM ANEL FEITO DE DINHEIRO. ESCOLHA UMA
NOTA DE QUALQUER VALOR, USE AS INSTRUÇÕES ACIMA OU
INVENTE SUAS PRÓPRIAS DOBRADURAS.

NO FINAL, COLOQUE NO DEDO E SAIA POR AÍ
COM O SEU **ORIGAMI MONETÁRIO**.

| Isolante | 2007   madeira e metal   86 x 144 x 150 cm

MARCIUS GALAN

INDIANÁPOLIS, EUA, 1972

No trabalho de Marcius Galan, o equilíbrio e a força dos objetos e materiais são manipulados de forma a alterar a percepção de quem os vê. Suas obras, por vezes, parecem estar flutuando, em outras parecem estar prestes a cair. Muitos de seus trabalhos tratam da ilusão de ótica, como *Seção diagonal*, em que as paredes, o teto e o chão de um canto do museu são pintados com tinta verde-clara, e esse efeito produz a sensação de que, de fato, existe ali uma grande parede de vidro. Ao se aproximar, o espectador descobre que não há vidro, trata-se apenas de uma miragem. Marcius também pinta de diferentes modos, usando, em vez de tinta, borracha de escola, pedaços de papel ou alfinetes.

AS OBRAS MAIS SIMPLES PODEM SER AS MAIS INTRIGANTES.

ESCOLHA UMA PAREDE DE SUA CASA E FAÇA UM QUADRADO COM FITA ADESIVA OBSERVANDO A OBRA AO LADO.

PRIMEIRO COLE DUAS FITAS VERTICAIS PARALELAS, CADA UMA DELAS COM UMA PONTA NA PAREDE E OUTRA NO CHÃO. DEPOIS COLE A FITA HORIZONTAL SEGURANDO AS PONTAS DA PAREDE E AS DO CHÃO.

FIQUE POR PERTO E OBSERVE A REAÇÃO DAS PESSOAS A SUA ARTE.

MAIORES NAS VERTICAIS

MENORES NAS HORIZONTAIS

| **Eu só vendo a vista** | 1998   print offset   70 x 100 cm

MARCOS CHAVES
RIO DE JANEIRO, RJ, 1961

Marcos Chaves faz o que na arte é chamado de apropriação, isto é, ele recolhe objetos e situações que estão no mundo e os transforma em obras de arte. Podem ser espelhos, buracos na rua, globos terrestres, bancos de madeira, bonecas, pás de lixo, sacolas de papel, torneiras, plantas, copos de vidro e até paisagens, em geral do Rio de Janeiro, cidade em que vive. Com fotografias, vídeos, instalações ou esculturas, cria obras de arte bem-humoradas e que nos fazem pensar.

TIRE UM TEMPO PARA FICAR SOZINHO, ADMIRANDO A VISTA MAIS BONITA DE SUA CASA. FAÇA UMA FOTO DESSA PAISAGEM E IMPRIMA. DEPOIS ESCREVA POR CIMA DA FOTO A FRASE "EU SÓ VENDO A VISTA".

MAS NÃO VENDA A SUA VISTA, NEM À VISTA NEM A PRAZO, NEM SOZINHO NEM ACOMPANHADO.

MAREPE
SANTO ANTÔNIO DE JESUS, BA, 1970

Marepe é o nome artístico de Mario Reis Peixoto, formado pela junção das primeiras sílabas dos seus três nomes. Com esculturas e instalações, seu trabalho nos mostra, por meio dos materiais que utiliza, a vida cotidiana da população das regiões mais simples de seu estado, a Bahia. Marepe reutiliza objetos e materiais, como cadeiras de plástico, bacias de ferro, panelas, guarda-chuvas, baldes, pneus e madeira, tirando-os de seu contexto original e construindo com eles formas incríveis e divertidas.

| Doce céu de Santo Antônio | 2001   fotografia   edição de 100

VOCÊ É CAPAZ DE
CAPTURAR UMA
NUVEM E BRINCAR
COM ELA?

PEGUE UMA MÁQUINA DE FOTOS OU UM SMARTPHONE E SAIA ATRÁS DA CARROCINHA DE ALGODÃO-DOCE MAIS PRÓXIMA. QUANDO ENCONTRAR, COMPRE UM ALGODÃO-DOCE BRANCO BEM PARECIDO COM UMA NUVEM. DEPOIS BASTA APONTAR SUA GULOSEIMA PARA O ALTO E FAZER UMA SEQUÊNCIA DE FOTOS DESSE CÉU AÇUCARADO.

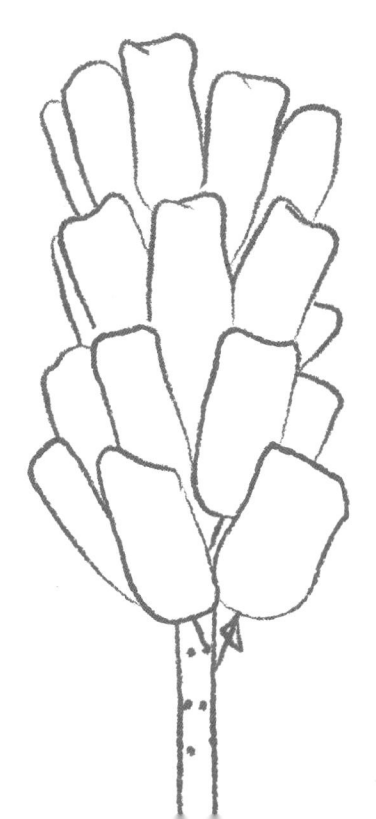

MARIA MARTINS

CAMPANHA, MG, 1894 | RIO DE JANEIRO, RJ, 1973

Maria Martins viveu em várias partes do mundo, estudando arte e produzindo seus trabalhos em cidades como Tóquio, Paris, Copenhague, Bruxelas e Washington. Além de artista, foi poeta, jornalista e uma pensadora ativa sobre o papel da mulher na sociedade. Em sua obra, a artista cria formas orgânicas e selvagens, como se as figuras humanas sofressem um processo de metamorfose em que os corpos se tornam formas inventadas, parecendo animais, plantas ou mesmo monstros.

| The Impossible III | 1946   bronze   80 x 82,5 x 53,3 cm

CRIE SUA PRÓPRIA METAMORFOSE A PARTIR DE DUAS FIGURAS HUMANAS!

DESENHE OU FAÇA UMA ESCULTURA NO MATERIAL QUE VOCÊ QUISER.

Maria Martins

| Omolu, Salvador 2000 | déc. 1990   fotografia em acetato   cromo 6 x 6 cm

MARIO CRAVO NETO
SALVADOR, BA, 1947 | SALVADOR, BA, 2009

O baiano Mario Cravo Neto escolhia a fotografia, quase sempre em preto e branco, para retratar pessoas e temas ligados à cultura afro-brasileira, à mitologia e à religiosidade. O artista, que às vezes também fazia uso da fotografia em cor, e ao ar livre, gostava muito de fotografar corpos humanos em estúdio. Seus modelos posavam com animais e outros elementos, como barbante e pedras, usados de forma simbólica. A baixa luz, que deixa o ambiente mais escuro e sombrio, o jogo de contrastes entre claros e escuros e os enquadramentos fechados acentuam em suas fotografias um aspecto misterioso e teatral.

IANSÃ
NANÃ
OMOLU
OGUM
OXALUFÃ
XANGÔ
IEMANJÁ
OBÁ
OSSAIN
OXAGUIÃ
OXUMARÉ

VOCÊ JÁ FOI À BAHIA?

LÁ É O PRINCIPAL LUGAR DO BRASIL EM QUE SÃO CULTUADOS OS ORIXÁS, DEUSES AFRICANOS QUE FORAM TRAZIDOS PARA CÁ PELOS DIFERENTES POVOS DA ÁFRICA, NA ÉPOCA DA ESCRAVIDÃO.

IEMANJÁ, OXUM, OMOLU, IANSÃ SÃO ALGUNS DESSES SERES DIVINOS, EVOCADOS POR MEIO DE DANÇAS E CANTOS.

COLOQUE UMA ROUPA BEM RODADA, COLARES E MAIS OUTROS ACESSÓRIOS E SAIA RODOPIANDO POR AÍ. PEÇA QUE ALGUÉM TIRE UMA FOTO ENQUANTO VOCÊ DANÇA.

MAURO RESTIFFE
SÃO JOSÉ DO RIO PARDO, SP, 1970

Mauro Restiffe é um artista que olha o mundo através da fotografia. Pelas lentes de sua câmera analógica, registra as formas de construções e paisagens, casas e cidades, geralmente criando composições de geometria precisa. O artista usa filmes de negativo preto e branco, tirando proveito dos variados tons de cinza para imprimir fotografias que se parecem com desenhos ou gravuras. Mesmo quando fotografa cenas do cotidiano, ou um grupo de pessoas ao seu redor, suas imagens parecem não ter sido feitas nos dias de hoje, e sim pertencer a um outro tempo.

| **Pampulha** | 2010   fotografia em emulsão de prata   138 x 207 cm

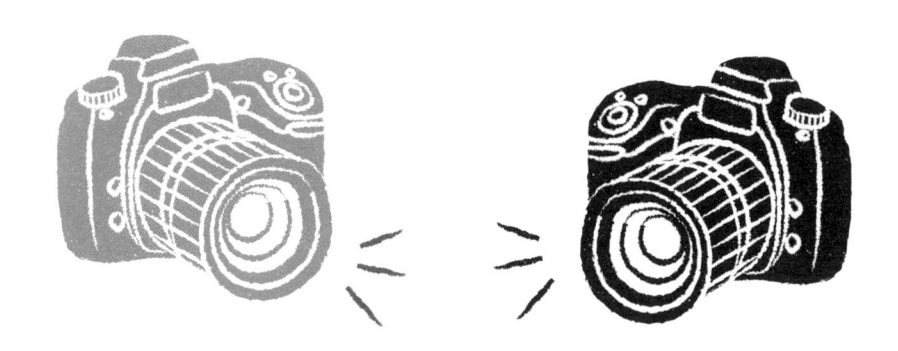

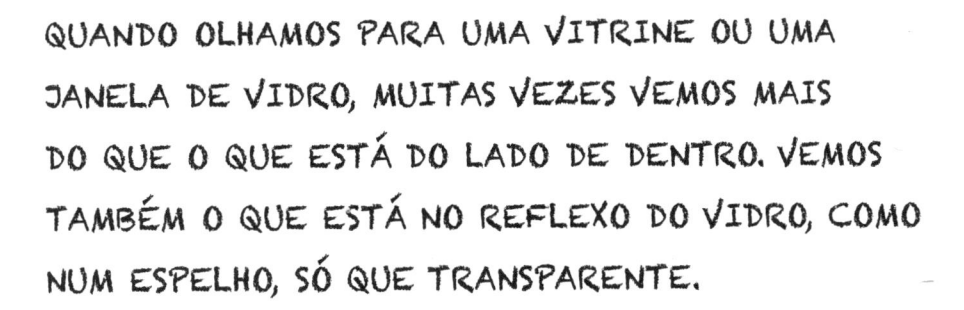

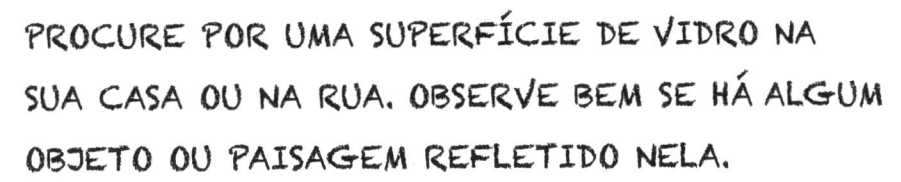

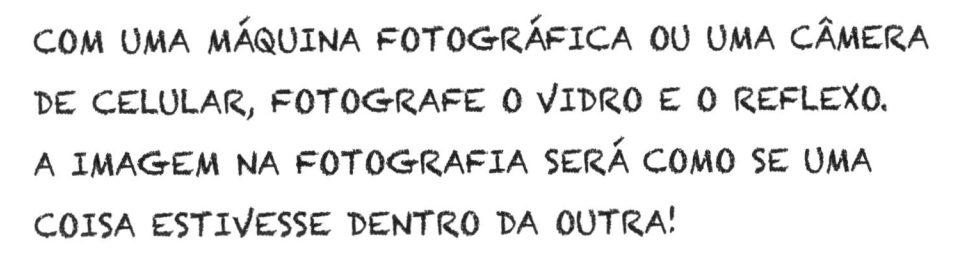

IMAGINE COLOCAR UMA FLORESTA DENTRO DA SALA DE UMA CASA!

QUANDO OLHAMOS PARA UMA VITRINE OU UMA JANELA DE VIDRO, MUITAS VEZES VEMOS MAIS DO QUE O QUE ESTÁ DO LADO DE DENTRO. VEMOS TAMBÉM O QUE ESTÁ NO REFLEXO DO VIDRO, COMO NUM ESPELHO, SÓ QUE TRANSPARENTE.

PROCURE POR UMA SUPERFÍCIE DE VIDRO NA SUA CASA OU NA RUA. OBSERVE BEM SE HÁ ALGUM OBJETO OU PAISAGEM REFLETIDO NELA.

COM UMA MÁQUINA FOTOGRÁFICA OU UMA CÂMERA DE CELULAR, FOTOGRAFE O VIDRO E O REFLEXO. A IMAGEM NA FOTOGRAFIA SERÁ COMO SE UMA COISA ESTIVESSE DENTRO DA OUTRA!

PARA DAR UM CHARME EXTRA, USE O MODO "PRETO E BRANCO" DA CÂMERA, OU, DEPOIS, IMPRIMA SUA FOTOGRAFIA EM PRETO E BRANCO.

SUA FOTO VAI PARECER COISA DE **OUTROS TEMPOS!**

MIGUEL RIO BRANCO
LAS PALMAS DE GRAN CANARIA, ESPANHA, 1946

Miguel Rio Branco é um artista que tem na fotografia seu meio de expressão. Em suas imagens, ele usa cores, enquadramentos e técnicas que fazem suas fotos parecerem pinturas. Algumas são muito escuras, outras trazem cores fortes e muita luz. Por vezes, Miguel faz o que é chamado de série, isto é, várias fotografias dedicadas a um mesmo tema. Uma de suas séries mais importantes chama-se *Noturna*, em que ele fotografa diversos personagens diferentes, de moradores de rua a lutadores de boxe.

| Blue Tango Solo | 1984   cibachrome dye destruction print   60 x 90 cm

Miguel Rio Branco

VOCÊ CONHECE A CAPOEIRA? ENTÃO VAMOS NOS MEXER UM POUCO?

CHAME OS AMIGOS PARA JOGAR CAPOEIRA, QUE É AO MESMO TEMPO UM JOGO, UMA DANÇA E UMA LUTA. BRINQUE DE CONGELAR OS MOVIMENTOS E FOTOGRAFAR CADA UM DELES. EXPLORE DIFERENTES ÂNGULOS, INSPIRANDO-SE NA OBRA AO LADO.

SINTA-SE COM O PODER DE PARAR O TEMPO!

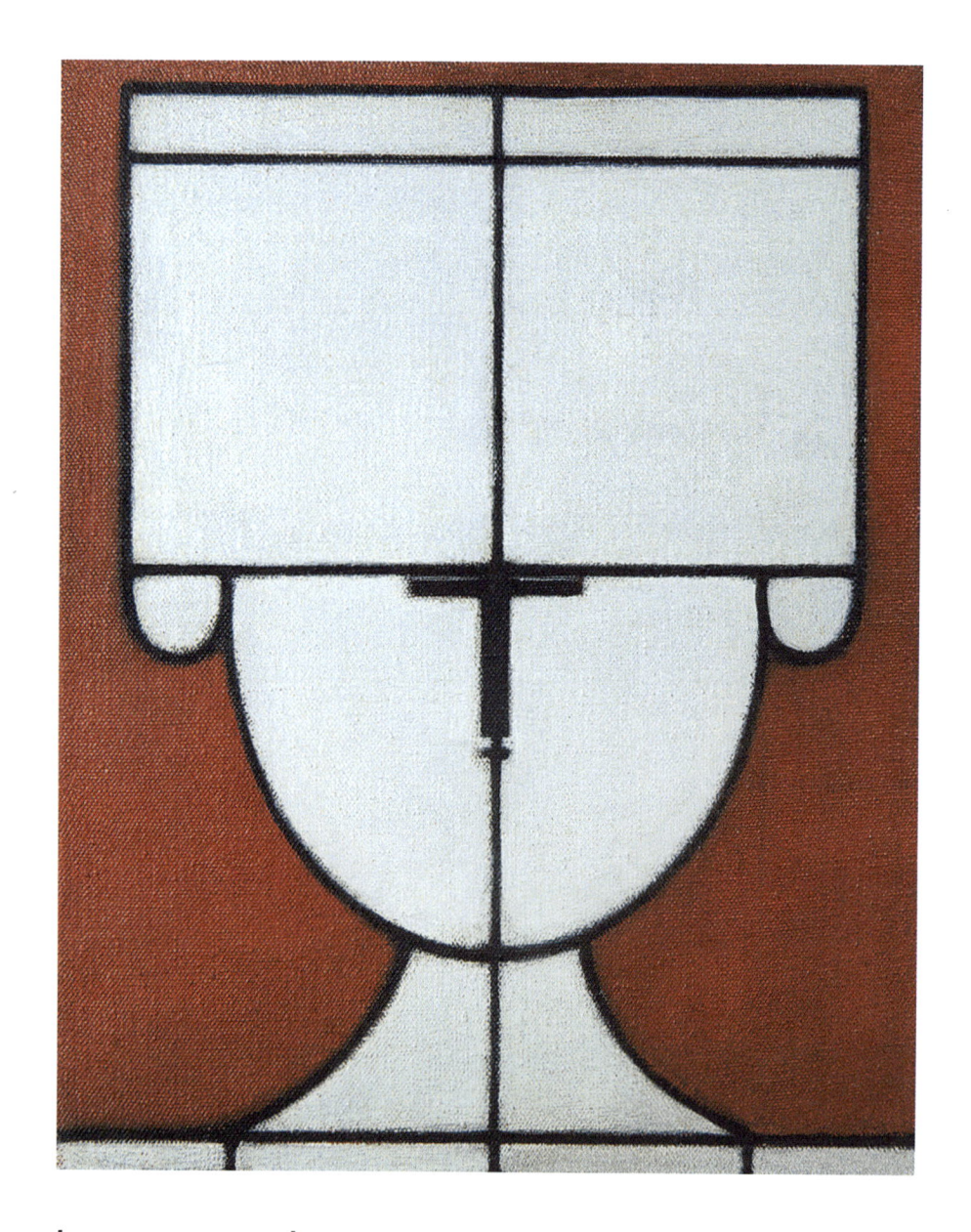

| **Figura com chapéu** | 1959   óleo sobre tela   27 x 22 cm

MILTON DA COSTA

NITERÓI, RJ, 1915 | RIO DE JANEIRO, RJ, 1988

A pintura de Milton da Costa é conhecida pela forma como ele mistura duas tradições da arte brasileira: o modernismo, que trazia em sua figuração imagens do Brasil e de sua população, e o concretismo, em que os artistas utilizavam as formas geométricas para estruturar a organização da pintura. Algumas de suas telas mais famosas trazem crianças brincando ou pessoas de formas arredondadas. Ao longo da vida, começou a pintar de forma cada vez mais abstrata, até chegar a fazer trabalhos baseados apenas em linhas e cores.

REPARE NAS FORMAS DO ROSTO DE UMA PESSOA. AGORA, PREPARE-SE PARA FAZER UMA PESSOA COM ROSTO DE FORMAS.

DESENHE UMA PESSOA, UTILIZANDO SOMENTE LINHAS, CÍRCULOS, FIGURAS OVAIS, QUADRADOS E RETÂNGULOS.

VEJA O CHARME GEOMÉTRICO QUE ELA TEM!

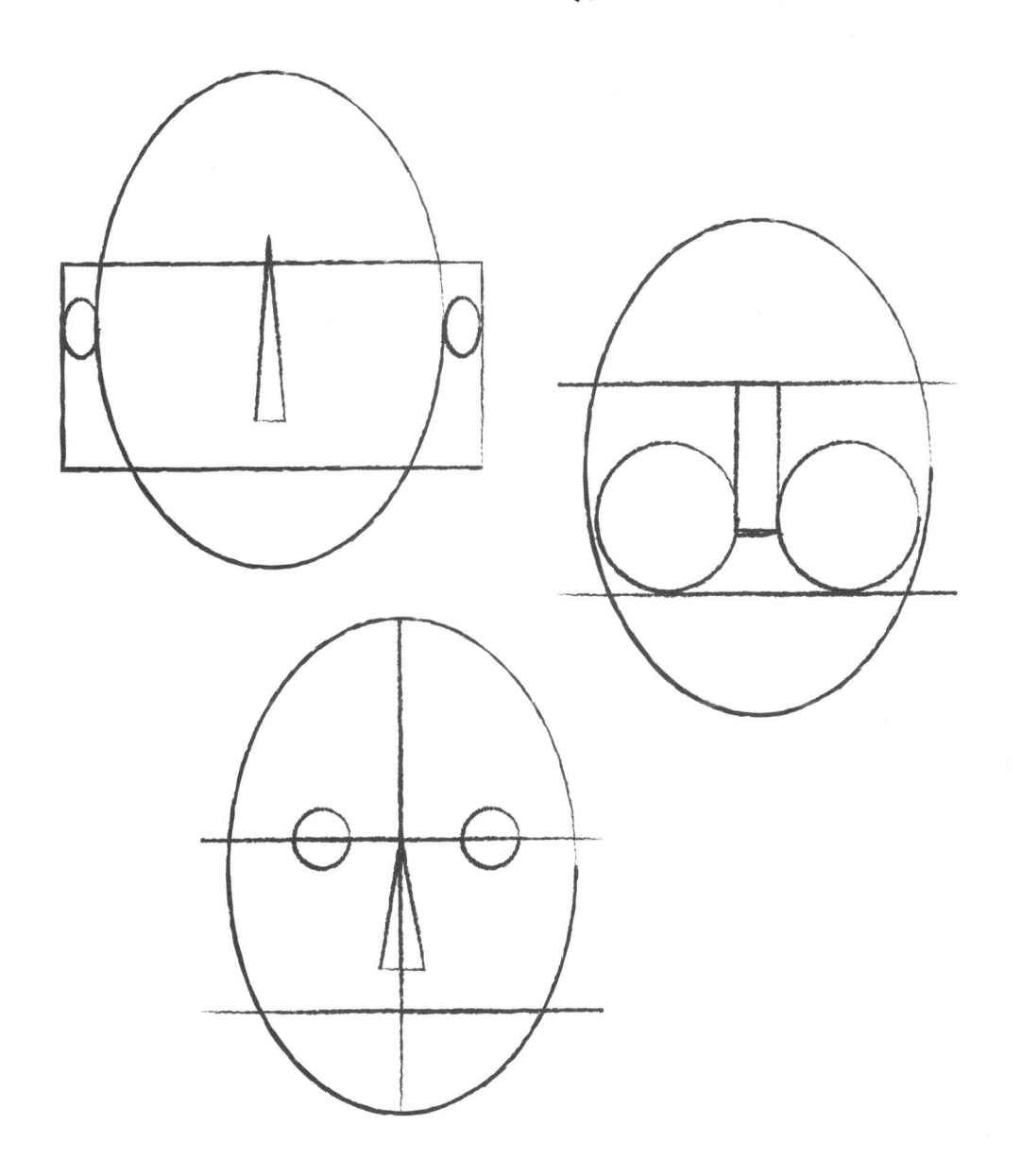

| **Missa móvel** | 2008   objetos em madeira, plástico, porcelana e borracha   80 x 22 x 30 cm

NELSON LEIRNER

SÃO PAULO, SP, 1932

Nelson Leirner é uma dessas pessoas que vai juntando tudo quanto é objeto e criando um museu particular de milhares de coisas. Em arranjos monumentais, usando por vezes muitos objetos iguais ou mesmo apenas parecidos, ele inventa instalações engraçadas e criativas. Nelson também faz esculturas que se transformam em pinturas, utilizando materiais diferentes, como zíperes, gavetas coloridas e tiras de couro.

CONVIDE TODOS OS SEUS BONECOS PARA ANDAR DE SKATE.

SEPARE OS MENORES BONECOS QUE TIVER E ARRUME-OS DE PÉ EM CIMA DO SKATE. PODE TAMBÉM SER UM PATINETE. EM SEGUIDA, É SÓ MOVER SEU SKATE COM CUIDADO E LEVAR SUA PROCISSÃO DE BRINQUEDOS PARA PASSEAR.

NUNO RAMOS

SÃO PAULO, SP, 1960

O artista Nuno Ramos faz obras imensas, de causar espanto. Ele já enterrou três casas em uma galeria, já colocou dois aviões em cima de árvores dentro de um museu, cobriu dois barcos inteiros de sabão e fez duas motos andarem em dois globos da morte, um em cima do outro, entre estantes de objetos que se quebravam ao cair no chão, por causa da agitação das motos. Nuno é também escritor e compositor, além de fazer filmes. Em suas telas, faz imensas colagens de diversos materiais misturados na tinta, formando um emaranhado de tecidos, tubos de metal, espumas, borrachas, ceras, entre outros materiais.

| **Sem título 04** | 2015   pelúcia, alumínio, óleo, espelho e acrílica sobre madeira   120 x 210 cm

Nuno Ramos

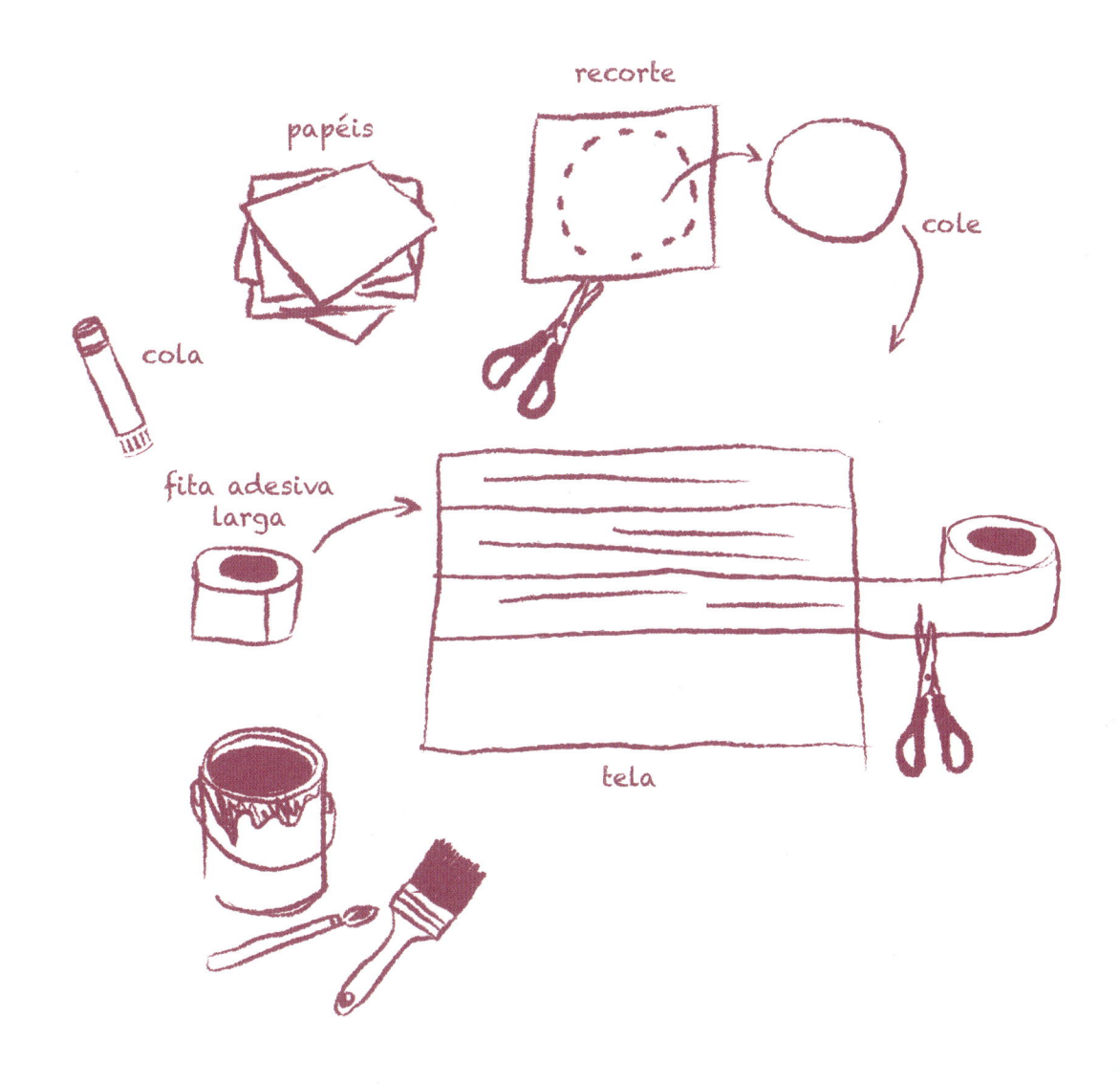

papéis
recorte
cole
cola
fita adesiva larga
tela

PEGUE UMA TELA E NELA COMECE A COLAR DIFERENTES TIPOS DE PAPEL. VALE USAR COLA E FITA ADESIVA. DEPOIS PINTE OS ELEMENTOS QUE DESEJAR.

FAÇA DA SUA ARTE UMA LOUCURA, MISTURANDO TODO TIPO DE TEXTURA!

PAULO BRUSCKY

RECIFE, PE, 1949

A obra de Paulo Bruscky é cheia de experimentos. Além de pinturas, desenhos e gravuras, também fez arte com exames médicos, como radiografias, eletroencefalogramas e eletrocardiogramas. Usou máquinas de fotocópias, desregulando seus componentes e materiais para produzir efeitos visuais, e fez ainda videoarte, arte sonora, performances, livros de artista e arte conceitual. O mais importante para a arte conceitual são as ideias, mais do que a visualidade da obra em si. Ao longo da vida, Bruscky se correspondeu com artistas do mundo inteiro por meio de cartões-postais, que eram enviados pelo correio. Em *O que é a arte? Para que serve?*, Bruscky apresenta de forma bem-humorada, passeando pelas ruas da cidade, uma das questões mais debatidas pelos críticos de arte e artistas: "O que é e para que serve a arte?"

| O que é a arte? Para que serve? | 1978   performance no centro de Recife, PE

faça apenas um furo de cada vez

furador de papel

barbante

O ARTISTA PODE SER UMA DÚVIDA AMBULANTE.

1. SEPARE UMA CARTOLINA E NELA ESCREVA UMA PERGUNTA QUE SEJA BEM IMPORTANTE PARA VOCÊ.

2. FAÇA DOIS PEQUENOS FUROS NA PARTE SUPERIOR, UM DE CADA VEZ.

3. AMARRE UM BARBANTE OU UMA FITA.

AGORA É SÓ PENDURAR NO PESCOÇO E SAIR ANDANDO COM SUA PERGUNTA POR AÍ.

FOTOGRAFE A SUA PERFORMANCE.

| **Sem título** | 2012   óleo sobre tela   18 x 24 cm

PAULO MONTEIRO

SÃO PAULO, SP, 1961

Paulo Monteiro é escultor e pintor. Em seu trabalho, o gesto do artista permanece na obra quando pronta, nos deixando ver a marca de suas pinceladas na tela e as marcas das mãos e dos dedos que moldam as esculturas. Essas marcas fazem com que as superfícies pareçam massudas e irregulares. Em suas pinturas, que possuem formas essencialmente abstratas, o artista usa muitas cores fortes ou suaves, por vezes fazendo telas monocromáticas, mas que, quando juntas umas às outras, revelam o uso de muitas cores pelo artista. Já nas esculturas, grandes massas irregulares de formas orgânicas são em geral brancas ou escuras, nada coloridas.

PEGUE UMA FOLHA DE PAPEL E RECORTE UMA FORMA ORGÂNICA, COMO A QUE VOCÊ VÊ NA FIGURA ABAIXO.

DEPOIS PINTE A MAIOR PARTE DO PAPEL COM UMA SÓ COR DA SUA ESCOLHA, DEIXANDO UM ESPAÇO NÃO PINTADO NA PARTE SUPERIOR.

NA ÁREA SUPERIOR DO PAPEL QUE NÃO FOI PINTADA, USE A MESMA COR PARA FAZER UMA FORMA ORGÂNICA PARECIDA COM A QUE FOI RECORTADA.

AGORA VEJA COMO O **VAZIO** PODE ESTAR **CHEIO** DE ARTE!

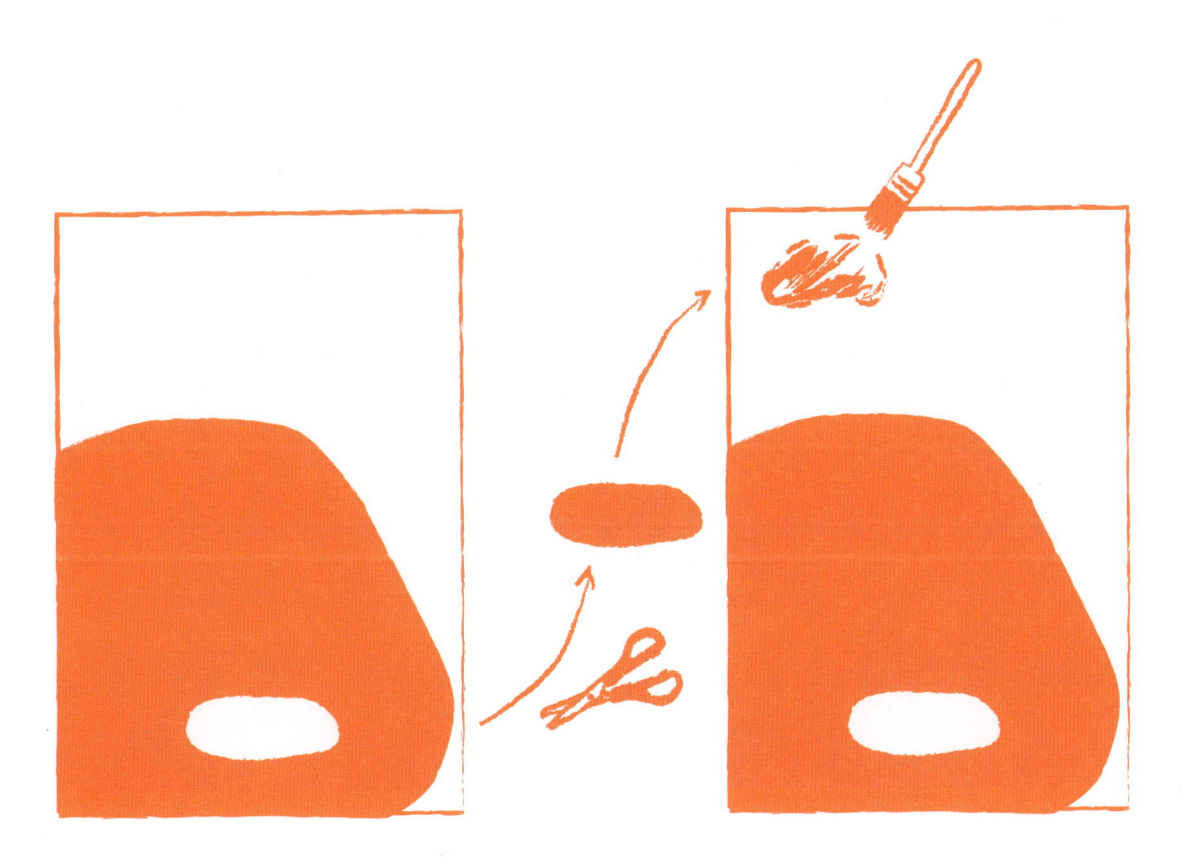

PAULO PASTA

ARIRANHA, SP, 1959

Na pintura de Paulo Pasta a cor é a protagonista. Em suas composições, os tons das cores formam paisagens abstratas em que nem sempre é possível definir o que é primeiro plano e o que é fundo. Em sua obra, são as cores que criam o espaço, podendo formar faixas verticais, cruzes ou, ainda, formas que lembram desenhos de garrafas e jarras.

| Sem título | 1999   óleo sobre tela   180 x 220 cm

CORES QUENTES «   » CORES FRIAS

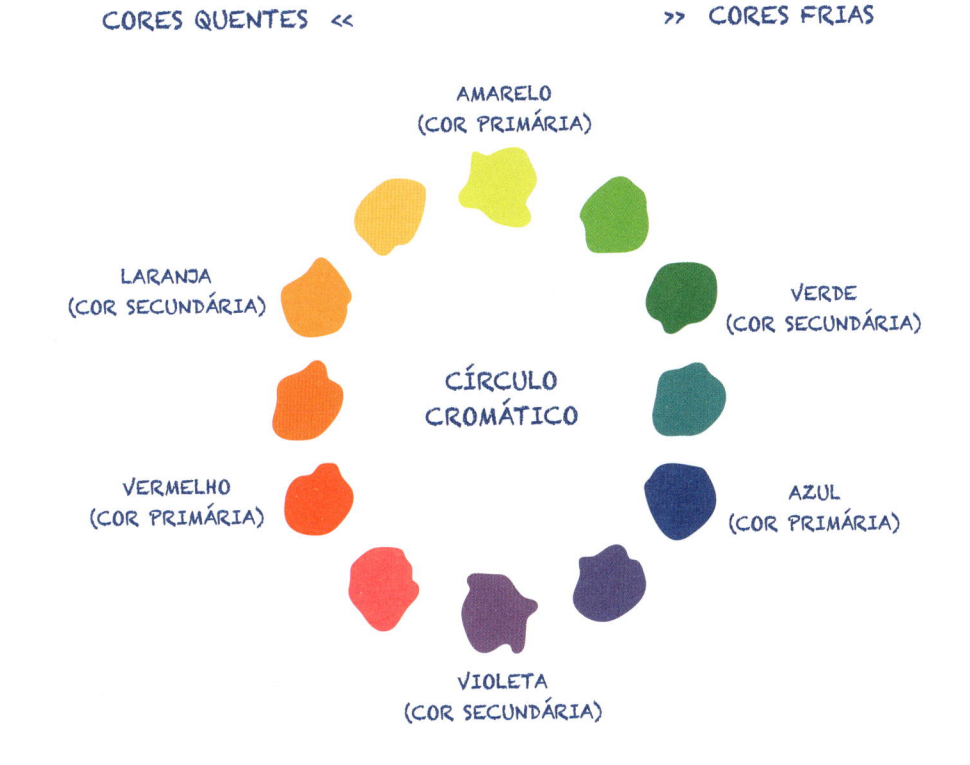

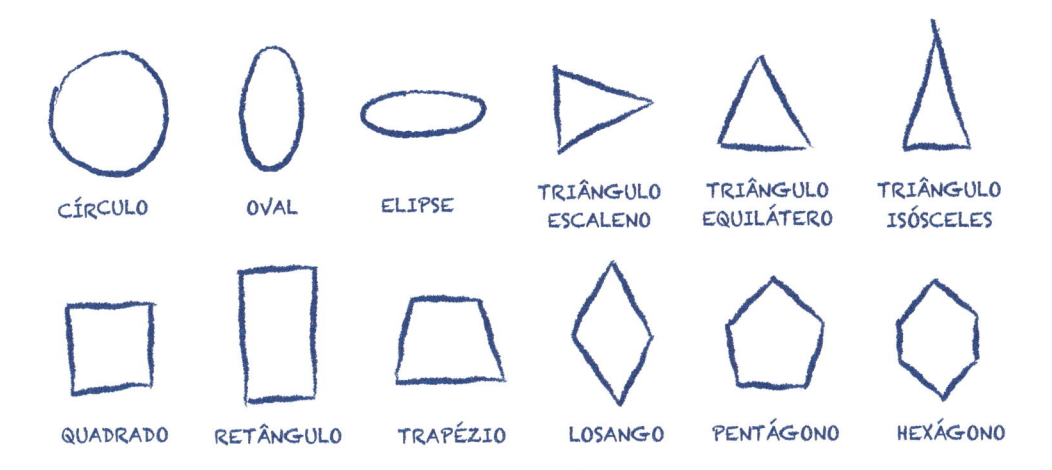

AMARELO
(COR PRIMÁRIA)

LARANJA
(COR SECUNDÁRIA)

VERDE
(COR SECUNDÁRIA)

CÍRCULO
CROMÁTICO

VERMELHO
(COR PRIMÁRIA)

AZUL
(COR PRIMÁRIA)

VIOLETA
(COR SECUNDÁRIA)

CÍRCULO — OVAL — ELIPSE — TRIÂNGULO ESCALENO — TRIÂNGULO EQUILÁTERO — TRIÂNGULO ISÓSCELES

QUADRADO — RETÂNGULO — TRAPÉZIO — LOSANGO — PENTÁGONO — HEXÁGONO

JÁ REPAROU NA BELEZA QUE ALGUMAS FORMAS E CORES PODEM PRODUZIR?

ÀS VEZES, UM DESENHO COM POUCOS ELEMENTOS, QUE UTILIZA UMA SÓ FORMA, UMA SÓ COR, OU APENAS DOIS TONS DESSA MESMA COR, PODE REVELAR UMA BELEZA TODA ESPECIAL. OBSERVE A OBRA AO LADO, ESCOLHA APENAS UMA FORMA E UMA COR E ENTREGUE-SE VOCÊ TAMBÉM À ECONOMIA DA ARTE.

| **Animal menor 9** | 2006   granito   90 x 15 x 75 cm

RAUL MOURÃO

RIO DE JANEIRO, RJ, 1967

Raul Mourão está sempre atento ao que acontece na cidade. Como se possuísse um radar, suas ideias surgem a partir do que vê nas ruas. É escultor, mas também faz desenhos, pinturas e vídeos. Em seu trabalho, utiliza diversos elementos e materiais presentes nas ruas, como grades de segurança de janelas e portarias de prédios ou bancos de bares e assentos de campos de futebol. Raul faz também grandes objetos cinéticos de metal. São esculturas pesadas que ganham leveza ao serem balançadas, fazendo uma dança a partir do equilíbrio e da gravidade.

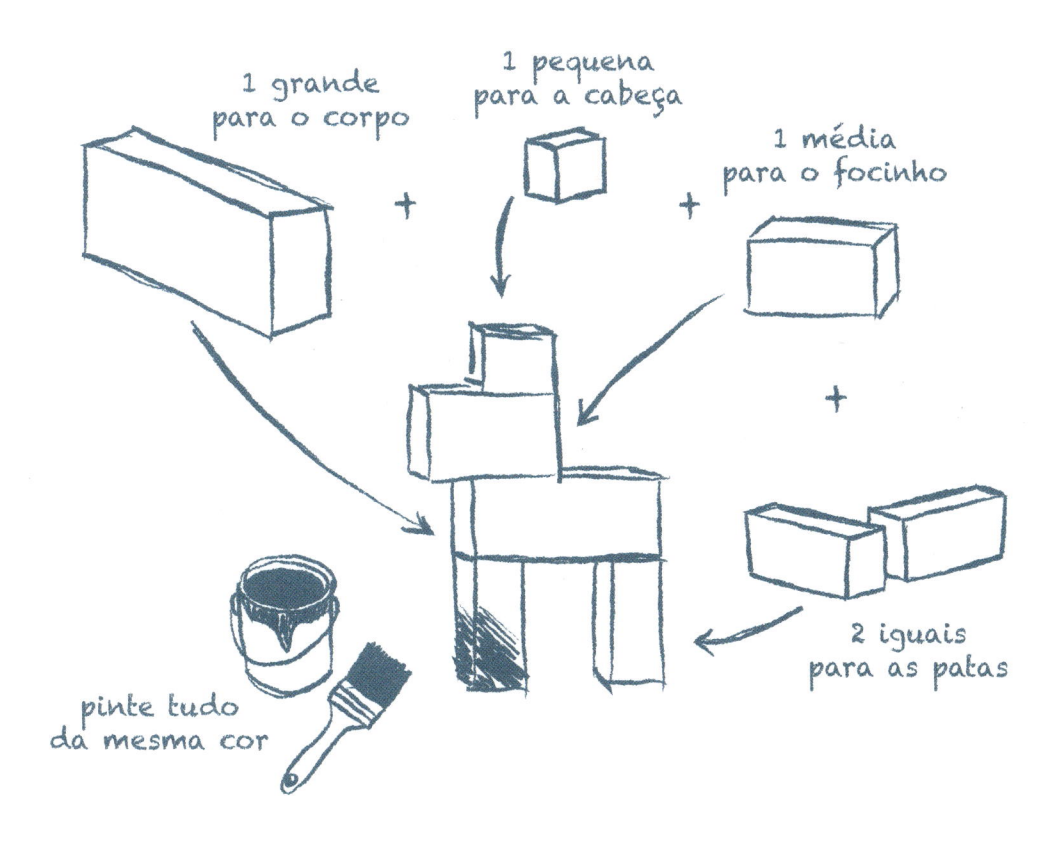

PEGUE 5 CAIXAS DE PAPELÃO

1 grande para o corpo

1 pequena para a cabeça

1 média para o focinho

2 iguais para as patas

pinte tudo da mesma cor

UM BOM MÁGICO TIRA COELHO DA CARTOLA. VOCÊ, COMO UM BOM ARTISTA, VAI TIRAR UM CACHORRO DE CAIXAS DE PAPELÃO.

SEPARE CINCO CAIXAS DE PAPELÃO DE TAMANHOS DIFERENTES (DUAS IGUAIS PARA SEREM AS PATAS, UMA MAIOR PARA O CORPO, UMA MÉDIA PARA O FOCINHO E UMA MENOR PARA A CABEÇA). PINTE TODAS DA MESMA COR E, DEPOIS QUE ELAS SECAREM, SIGA O EXEMPLO DA OBRA AO LADO PARA MONTAR UM CÃO A SUA MANEIRA, COLANDO UMA CAIXA NA OUTRA, COM COLA OU FITA ADESIVA.

NÃO ESQUEÇA DE LEVAR SEU CÃO PARA PASSEAR UMA VEZ AO DIA.

| Gibi | s.d. papel recortado 34,5 x 34,5 cm

Raymundo Colares

GRÃO MOGOL, MG, 1944 | MONTES CLAROS, MG, 1986

Raymundo Colares fazia obras com traços geométricos e cores fortes. Às vezes usava telas tridimensionais, de materiais industriais como alumínio e acrílico, algumas delas com dobraduras que simulam movimento. Em diversos trabalhos, usava tintas metálicas que nos remetem a carrocerias de ônibus, criando imagens que representam a desordem urbana. Colares fazia também seus "Gibis", pequenos cadernos, que na verdade eram livros-objeto que podiam ter muitas divisões e dobraduras coloridas em cada página, produzindo um efeito como o das histórias em quadrinhos, mas sem palavras.

Raymundo Colares

NESTE GIBI A HISTÓRIA É OUTRA!

- PEGUE QUATRO FOLHAS DE PAPEL TAMANHO A4 DE DIFERENTES CORES E DOBRE CADA UMA AO MEIO, FAZENDO UM VINCO QUE DIVIDA CADA FOLHA EM DUAS PARTES.

- DOBRE AS PONTAS SUPERIORES, UMA A UMA, NA DIREÇÃO DO VINCO CONFORME A ILUSTRAÇÃO.

- PARA SEU GIBI FICAR COM AS PÁGINAS QUADRADAS, RECORTE O RESTANTE DA FOLHA CONFORME A FIGURA.

- SOBREPONHA AS FOLHAS E DOBRE-AS NO VINCO VERTICAL, COMPONDO O SEU CADERNINHO.

- GRAMPEIE NA BEIRADA DO PAPEL, BEM NO VINCO, MANTENDO AS FOLHAS JUNTAS.

- DOBRE AS FOLHAS, SEMPRE ATÉ O VINCO DO CENTRO DO CADERNO, COMO INDICADO NA FIGURA, PARA VER QUANTOS TRIÂNGULOS VOCÊ CONSEGUE FAZER DENTRO DE UM QUADRADO.

- AGORA RECORTE DE DIFERENTES MANEIRAS CADA UMA DAS FOLHAS, USANDO COMO GUIA AS MARCAS DAS DOBRADURAS QUE VOCÊ FEZ.

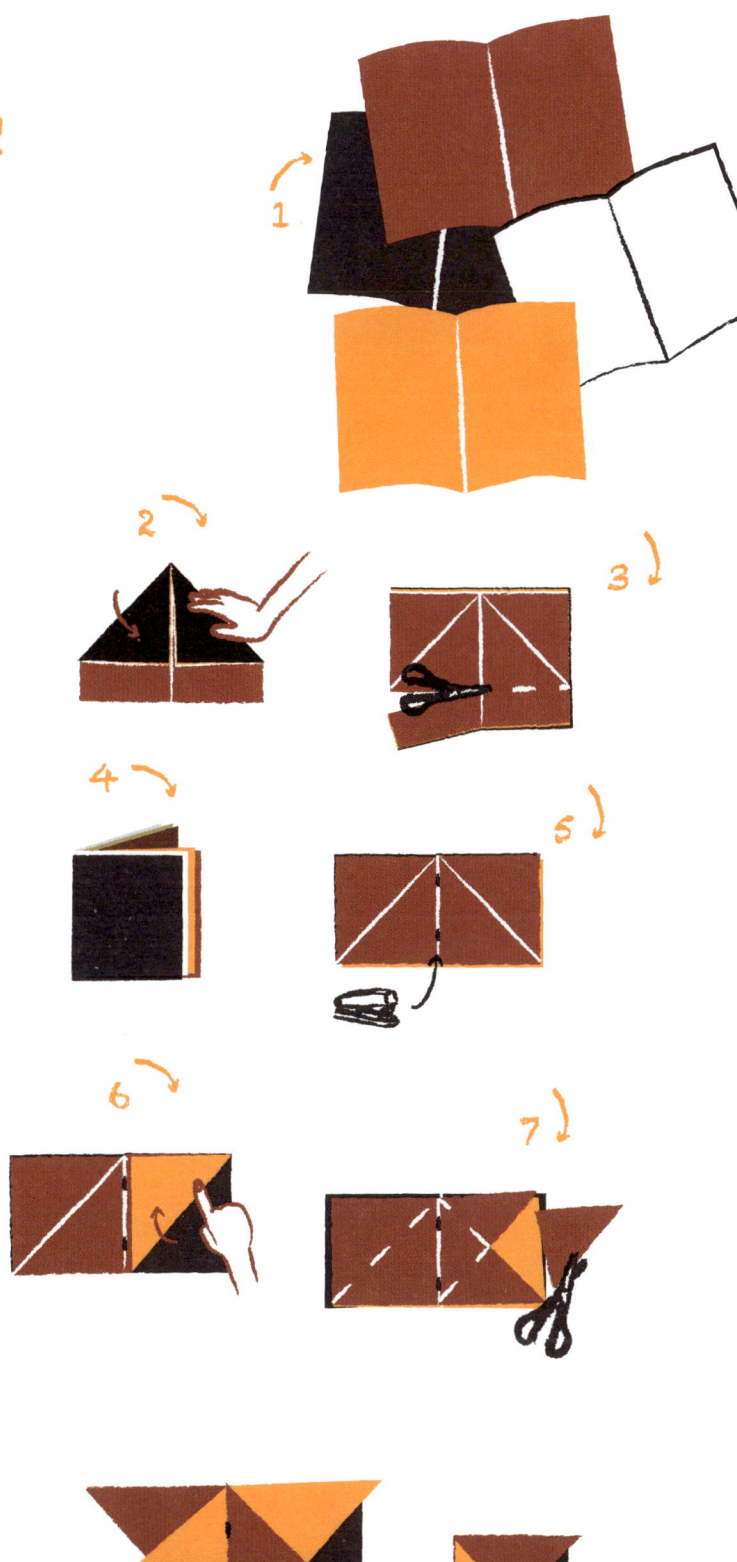

EXPERIMENTE VER O MUNDO DE TRIÂNGULOS DIFERENTES!

REGINA SILVEIRA
PORTO ALEGRE, RS, 1939

Sombras de objetos projetadas sobre grandes prédios ou que geram imagens malucas e distorcidas, marcas de pneus espalhadas nas paredes, no chão e até no teto de salas de exposição, tudo isso faz parte da obra de Regina Silveira. Ela trabalha com a arquitetura dos espaços, invertendo dimensões e inventando as luzes e as sombras dos objetos, causando ilusões de ótica. Sua arte parece um grande jogo que nos leva a um mundo fantástico de imagens.

| **In Absentia**: M.D. | 1983   pintura e madeira   100 x 200 cm

PRECISA DA AUTORIZAÇÃO DE UM ADULTO

PROJETE SUA ARTE!

1. PEGUE UM LÁPIS E UMA BORRACHA E PEÇA A UM ADULTO PARA USAR UMA PAREDE PARA SUA ARTE. ESSA BORRACHA É PRECIOSA PARA QUE DEPOIS VOCÊ POSSA DEVOLVER A PAREDE EM BRANCO, SE FOR NECESSÁRIO!

2. ESCOLHA UM BRINQUEDO OU UM OBJETO QUE TENHA UM FORMATO BEM INTERESSANTE.

3. PEGUE UMA LANTERNA POTENTE OU UM ABAJUR, APONTE A LUZ PARA O OBJETO E APAGUE A LUZ DO AMBIENTE.

4. PROJETANDO SUAS SOMBRAS NA PAREDE, DISTORÇA A IMAGEM DO OBJETO MUDANDO A POSIÇÃO DA LUZ, ATÉ ENCONTRAR UMA FORMA DIVERTIDA.

5. DEPOIS FIXE ESSA LUZ E COM UM LÁPIS DESENHE AS FORMAS DAS SOMBRAS NA PAREDE.

AGORA JÁ PODE ACENDER A LUZ DO AMBIENTE E VER A SUA CRIAÇÃO.

RIVANE NEUENSCHWANDER
BELO HORIZONTE, MG, 1967

Na construção de seu trabalho, Rivane Neuenschwander escolhe materiais e colaboradores surpreendentes. A artista já fez pinturas com baba de lesma, colagens com papéis de incenso queimados, esculturas com besouros ou cascas de alho. Usou também diferentes alimentos e suas embalagens para construir esculturas e instalações. Nos filmes, os atores principais podem ser formigas que carregam confetes de carnaval, peixes que nadam levando palavras de amor coladas em suas caudas, ou mesmo uma bolha de sabão que passeia por uma casa vazia.

| Canteiros/Conversations and Constructions | 2006   16 fotografias coloridas   40 x 60 cm cada

Rivane Neuenschwander

PRECISA DA AUTORIZAÇÃO DE UM ADULTO

SABIA QUE DIVERTIR-SE COM A
        COMIDA É A BASE DE TODA ALIMENTAÇÃO
SAUDÁVEL? ESSA ATIVIDADE FAZ
        DA COMIDA PURA CRIAÇÃO!

FAÇA ESCULTURAS UTILIZANDO SOMENTE MATERIAL COMESTÍVEL. PARA FIXAR SUAS OBRAS, VOCÊ TAMBÉM PODE USAR PEDAÇOS DE EMBALAGENS, ALÉM DE PALITOS. TENTE REPRODUZIR PEQUENOS PRÉDIOS, TORRES, PONTES E CASAS USANDO BISCOITOS, FRUTAS E LEGUMES CORTADOS. DEPOIS É SÓ ALMOÇAR SUA CIDADE COMO UM GODZILLA!

ROBERTO BURLE MARX

SÃO PAULO, SP, 1909 | RIO DE JANEIRO, RJ, 1994

Roberto Burle Marx escolheu ainda jovem o paisagismo como sua expressão artística, e assim se tornou mundialmente conhecido. O paisagista é uma mistura de pintor, arquiteto e jardineiro, porque ele pensa e reorganiza as paisagens redesenhando a natureza. Burle Marx desenhou praças, parques e jardins, além de ter feito pinturas e esculturas. Ele viveu boa parte da vida no Rio de Janeiro, onde criou obras que podemos ver até hoje na cidade, como os jardins do Parque do Flamengo e os desenhos do calçadão da Avenida Atlântica, em Copacabana.

| Calçada de Copacabana | 1970 pedras portuguesas

Roberto Burle Marx

"SE ESSA RUA, SE ESSA RUA FOSSE SUA..."
JÁ PENSOU COMO ELA SERIA?

CRIE OS DESENHOS DE UM CALÇAMENTO, USANDO UMA MAQUETE DE ISOPOR E CARTOLINA.

USE COLA E MATERIAIS COMO AREIA E PAPEL-CELOFANE AZUL PARA FAZER O MAR, PEDRINHAS CLARAS E ESCURAS, OU MESMO COLORIDAS, PARA CRIAR DESENHOS NO SEU CALÇADÃO, CARRINHOS DE BRINQUEDO E TUDO O MAIS QUE VIER A SUA IMAGINAÇÃO.

PLANTE TAMBÉM UMAS SEMENTES DE FEIJÃO OU LINHAÇA EM UM PEQUENO CHUMAÇO DE ALGODÃO MOLHADO E VEJA COMO ELAS VÃO VIRAR FRONDOSAS ÁRVORES NESSE MUNDO EM MINIATURA.

RODRIGO ANDRADE
SÃO PAULO, SP, 1962

Nas telas do pintor Rodrigo Andrade, temos a sensação de que podemos pegar a cor com as mãos. Em seu trabalho, usa grossas camadas de tinta em forma de retângulos, círculos e outras formas geométricas coloridas sobre um fundo branco, fazendo com que a massa de cor pareça flutuar sobre a tela. Em outras obras, pinta grandes telas a partir de fotografias de paisagens de natureza ou paisagens urbanas, em que usa as máscaras de estêncil como moldes para as massas de cor, criando, assim, pontes, arbustos, montes, cidades inundadas, além de efeitos de luz, como estrelas e postes iluminados.

| Sem título | 2007   óleo sobre tela   60 x 70 cm

recorte as formas geométricas 1

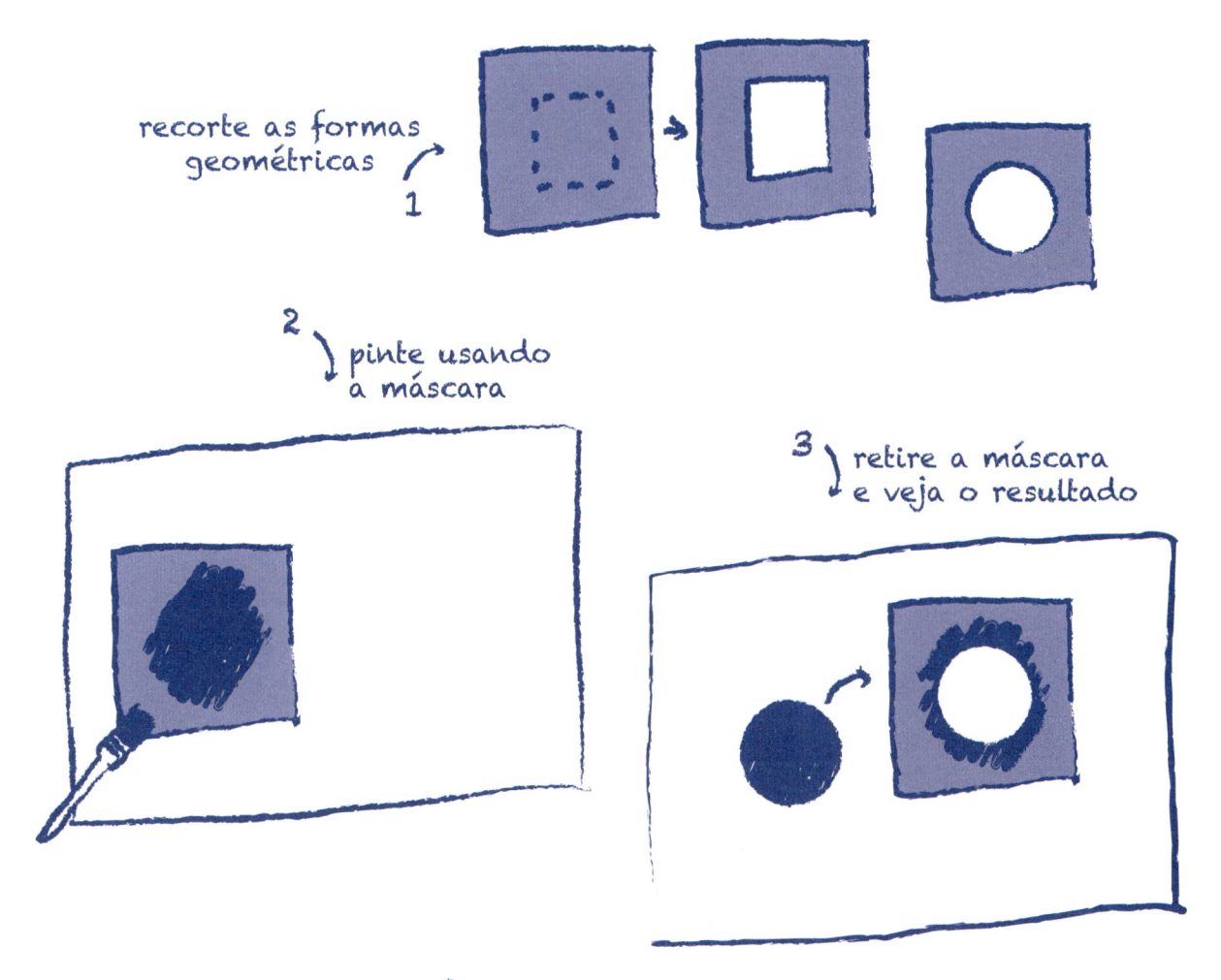

2 pinte usando a máscara

3 retire a máscara e veja o resultado

ABUSE DAS FORMAS GEOMÉTRICAS PARA INCREMENTAR SUA ARTE!

PEGUE UMA OU MAIS FOLHAS DE CARTOLINA E NELAS DESENHE UM QUADRADO, UMA BOLA E UM RETÂNGULO. DEPOIS RECORTE O INTERIOR DAS FORMAS CRIANDO MOLDES VAZADOS. USE ESSES MOLDES COMO MÁSCARA, COLOCANDO-OS SOBRE UMA TELA BRANCA. EM SEGUIDA, PREENCHA CADA ESPAÇO VAZADO COM UMA COR DIFERENTE.

USE **TINTA À VONTADE!**

ROSÂNGELA RENNÓ
BELO HORIZONTE, MG, 1962

Rosângela Rennó usa as ideias de memória e esquecimento em seu trabalho. Para criar imagens, filmes, painéis, vídeos, objetos e outras obras, ela muitas vezes faz uso de fotos antigas de arquivo, que podem ser de familiares, amigos, ou mesmo de desconhecidos e anônimos. Até mesmo a própria máquina de fotografar, o papel fotográfico e as molduras são usados como obra pela artista para nos fazer pensar sobre a passagem do tempo.

| **Sem título (School Boy)** | 2000   da série Vermelha, 1996-2003
fotografia digital (processo Lightjet) em papel Fuji Crystal Archive
100 x 180 cm

CELOFANE VERMELHO

RECORTE UM QUADRADO GRANDE

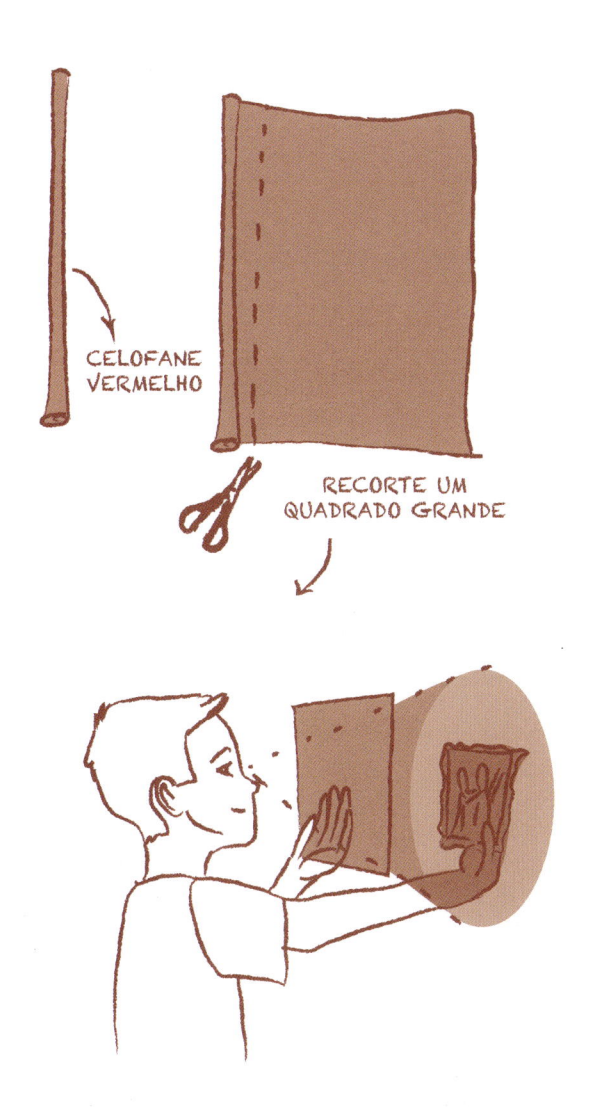

COM O VERMELHO PODE SER MAIS DIVERTIDO!

PEGUE UMA FOLHA DE PAPEL-CELOFANE VERMELHO E RECORTE UM RETÂNGULO GRANDE O SUFICIENTE PARA QUE VOCÊ POSSA OLHAR ATRAVÉS DELE. APROXIME O CELOFANE BEM PERTINHO DOS OLHOS, ELE IRÁ FUNCIONAR COMO UM FILTRO PARA VOCÊ OLHAR FOTOS ANTIGAS DE SUA FAMÍLIA DE UM JEITO NOVO.

RUBENS GERCHMAN

RIO DE JANEIRO, RJ, 1942 | SÃO PAULO, SP, 2008

O principal tema das pinturas de Rubens Gerchman é o cotidiano das grandes cidades do país. Com cores fortes e traços marcantes, o artista retrata elementos da vida urbana, como supermercados, carros, multidões nas ruas, futebol, televisão e produtos de plástico. Gerchman se interessava, sobretudo, por temas e formas ligados ao dia a dia do trabalhador brasileiro em seus momentos de lazer.

| **Superhomens** | 1965   acrílica sobre tela   160 x 110 cm

Rubens Gerchman

OS SUPERHOMENS x

FUTEBOL É ARTE!

FAÇA VÁRIAS CÓPIAS OU ESCANEIE E IMPRIMA A ILUSTRAÇÃO ACIMA E PINTE, EM CADA CÓPIA, AS CAMISAS DOS UNIFORMES DOS JOGADORES COM AS CORES DE UM TIME DIFERENTE. MONTE SUA TABELA ILUSTRADA DO CAMPEONATO.

| O Ilha | 2008
caneta permanente sobre impressão de jato de tinta, ponta seca sobre vidro pintado, madeira e papéis dobrados   dimensões variada

SANDRA CINTO

SÃO PAULO, SP, 1968

Sandra Cinto é uma artista que inventa céus e mares. Suas obras são pinturas ou objetos nos quais ela desenha nuvens e ondas, criando um ambiente de sonho. Sandra geralmente trabalha suas constelações, nebulosas e tempestades em tons de azul, preto e branco. Também faz instalações como esta acima, em que utiliza barcos de papel. Nesse universo particular, Sandra nos carrega para além da vida cotidiana, nos convidando a imaginar grandes viagens e travessias.

QUE TAL TRANSFORMAR O CHÃO DE SUA SALA EM UM MAR DE BARQUINHOS DE PAPEL?

PRIMEIRO FAÇA O MAIOR NÚMERO DE BARQUINHOS DE PAPEL POSSÍVEL. DEPOIS ESCOLHA UM MÓVEL PARA SER O CENTRO DESSA INVASÃO MARÍTIMA E CERQUE-O, COM TODOS OS BARCOS APONTADOS PARA ELE.

MAS FAÇA COMO O VELHO MARINHEIRO: ARRUME OS BARQUINHOS DEVAGAR.

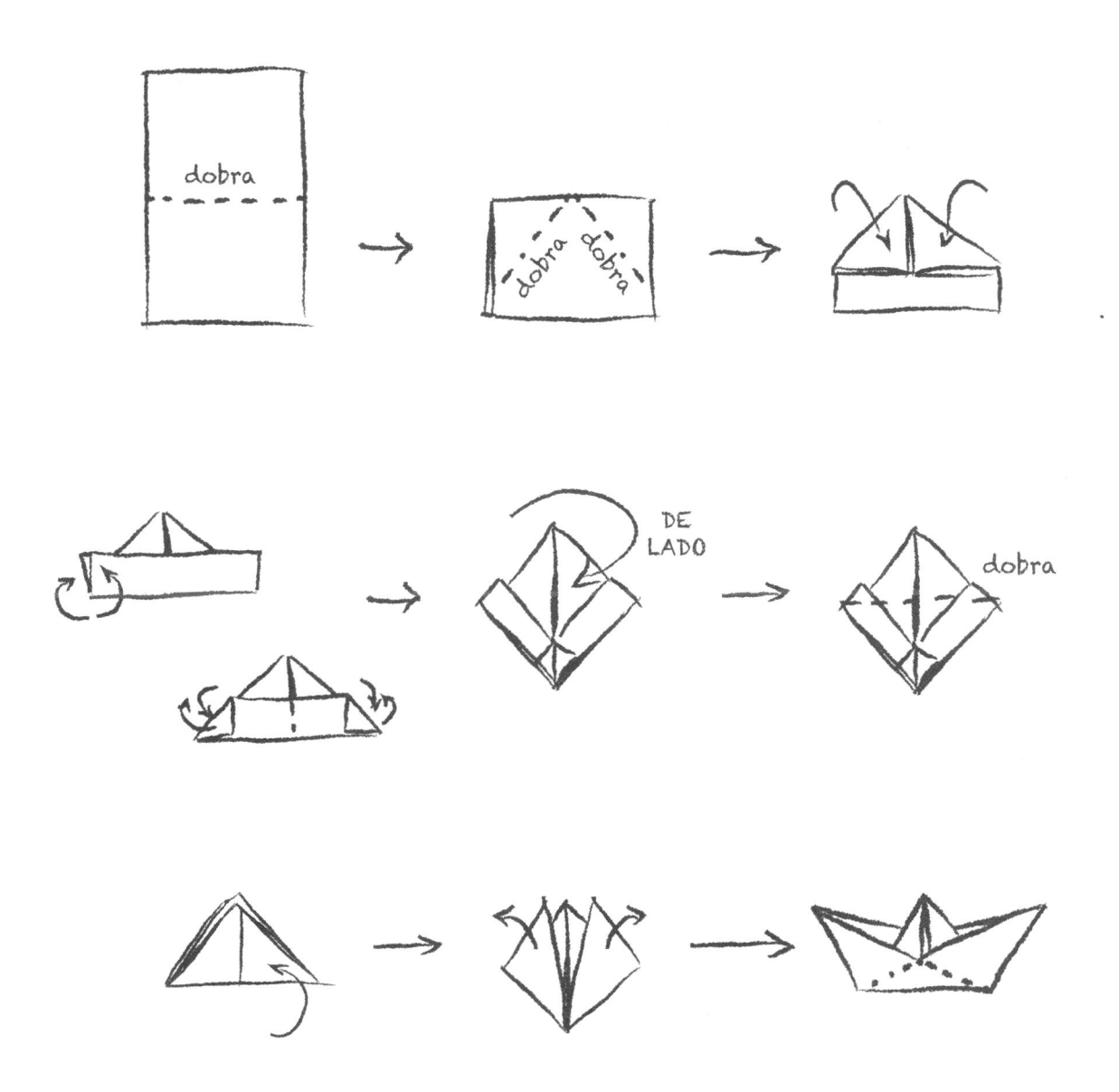

SERGIO CAMARGO

RIO DE JANEIRO, RJ, 1930 | RIO DE JANEIRO, RJ, 1990

O escultor Sergio Camargo fez obras em bronze, ferro, alumínio e outros materiais. Mas foi com a madeira e, principalmente, com o mármore uniforme e polido, muito liso e branco, que o artista mais trabalhou. Em suas esculturas, constrói relevos de formas geométricas, como cilindros e paralelepípedos, para depois dividi-los em partes, desconstruindo suas formas e os rearrumando em novos formatos. Alguns de seus trabalhos possuem volumes escultóricos saindo da tela, nos ensinando que a pintura e a escultura podem coexistir em um mesmo plano, em uma mesma obra.

| **Caracol** | 1985   mármore de carrara   26 x 6 x 16 cm

Sergio Camargo

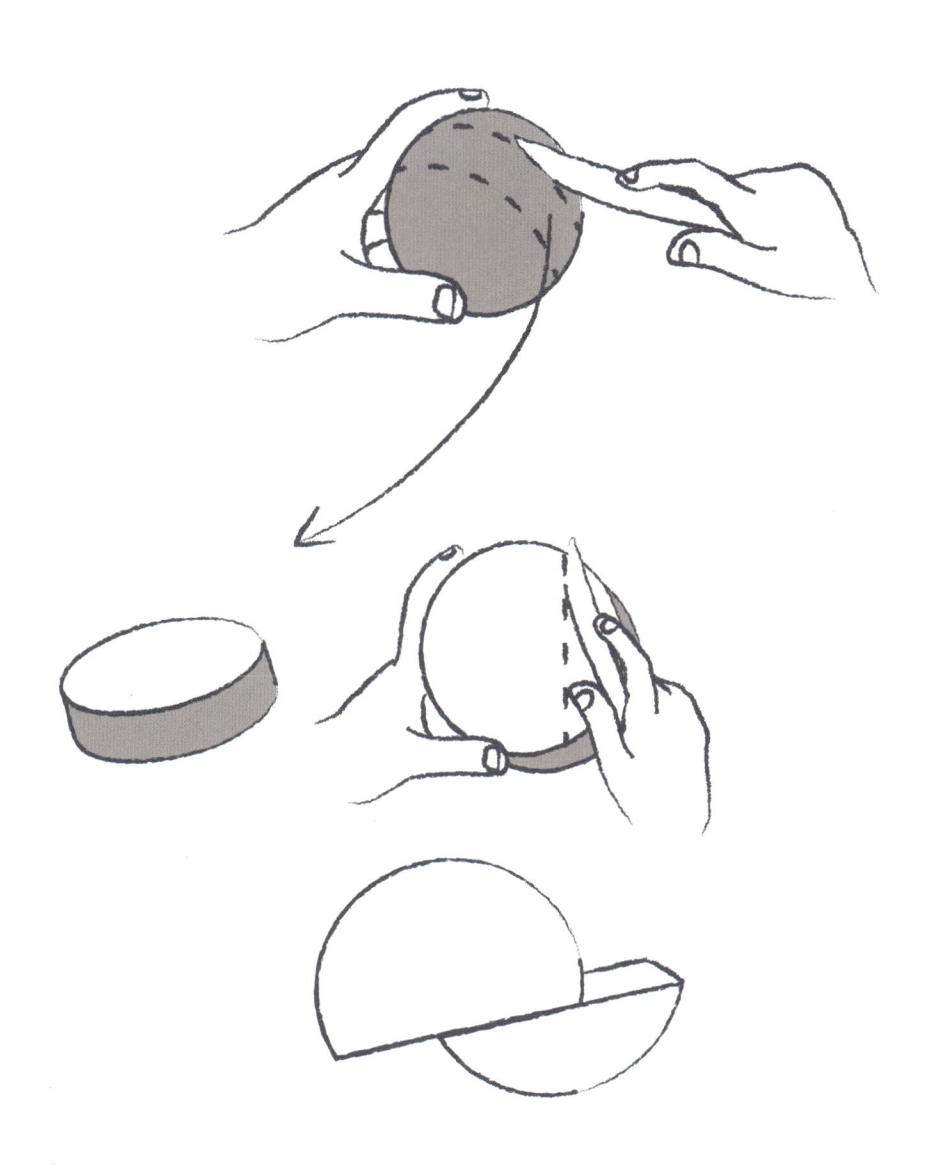

PRECISA DA AUTORIZAÇÃO DE UM ADULTO

É HORA DE FATIAR UMA BOLA.
PEGUE UMA ESFERA DE ISOPOR E, COM A AJUDA DE UM ADULTO, CORTE UMA FATIA GROSSA BEM NO MEIO DELA. PEGUE ESSA FATIA E CORTE EM DUAS PARTES, UMA MAIOR QUE A OUTRA, COMO NA FIGURA ACIMA. AGORA, BASTA APOIAR A PARTE MAIOR SOBRE A MENOR, COMO INDICADO NA FIGURA.

COM O QUE PARECE?
PARECE COM O QUÊ?
COM UM CARACOL, ORA BOLAS!

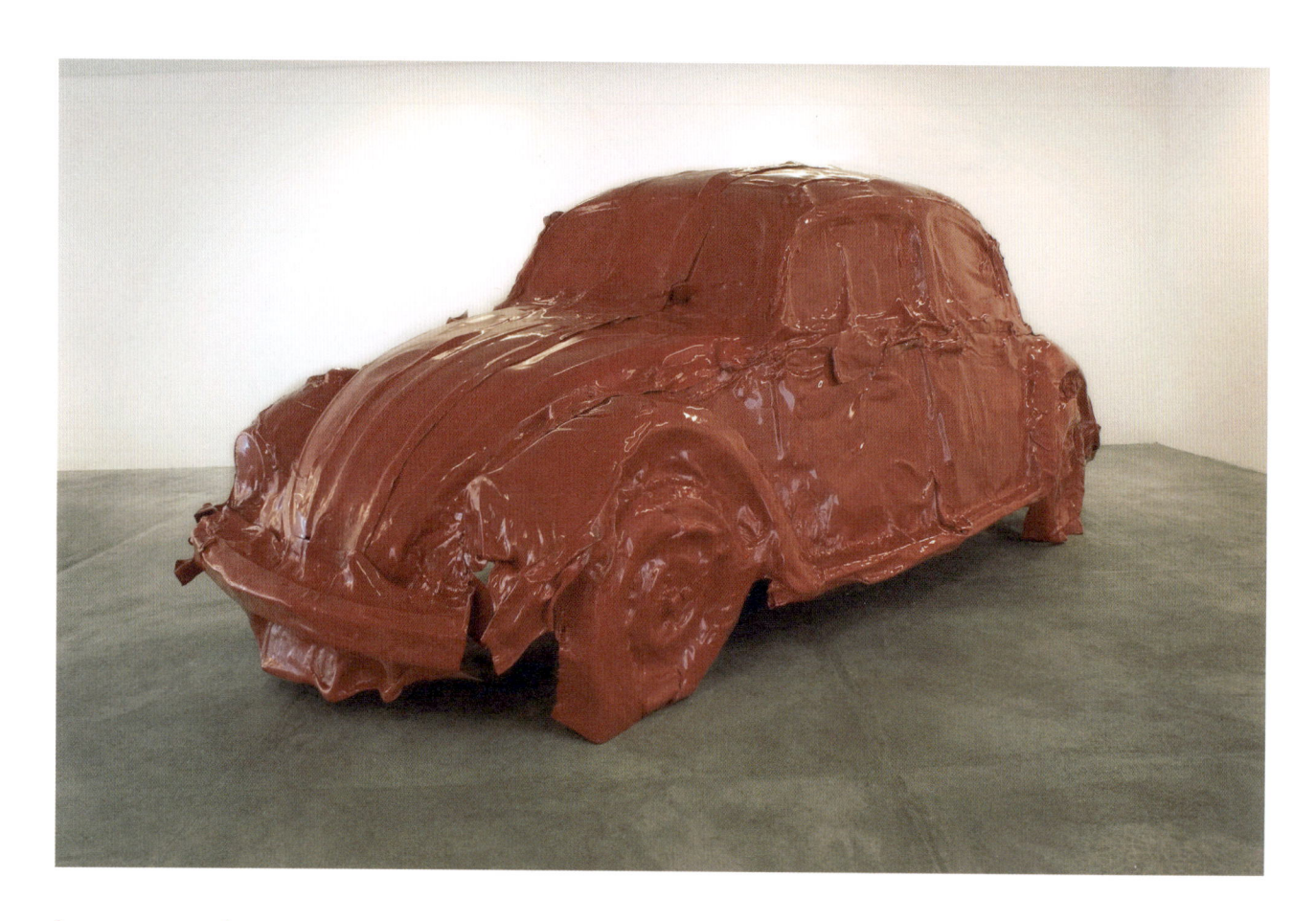

| Fusca grande | 2003 plástico modelado 60 x 160 x 400 cm

SERGIO ROMAGNOLO
SÃO PAULO, SP, 1957

Sergio Romagnolo é pintor, desenhista e escultor. Em sua obra, recria temas e personagens da cultura popular e da cultura de massa, como personagens de TV e de quadrinhos, máquinas, automóveis, instrumentos musicais e figuras religiosas. Em suas esculturas, feitas no tamanho real dos objetos, o artista usa plástico derretido, moldando com as mãos um fusca, uma bicicleta ou uma bateria.

Sergio Romagnolo

QUE TAL FAZER UMA OBRA DE ARTE CAMUFLADA?

ESCOLHA UM CARRINHO LEGAL. EM SEGUIDA, CUBRA TODA A SUPERFÍCIE DO BRINQUEDO COM UMA FINA CAMADA DE MASSINHA DE SUA COR PREFERIDA.

CUBRA O CARRINHO COM MASSINHA

SÉRGIO SISTER
SÃO PAULO, SP, 1948

Sérgio Sister faz pinturas abstratas em que as cores ganham grandes espaços nas telas. Nesses trabalhos, usa variações de tons de uma mesma cor, com formas quase geométricas. Muitas vezes sua pintura sai das telas e ganha um ar renovado, sendo feita em ripas e caixotes de madeira.

| Caixa 164B | 2011 óleo sobre madeira · 38 x 24 x 8,5 cm

PRECISA DA
AUTORIZAÇÃO
DE UM ADULTO

JÁ NOTOU QUE UMA **CORZINHA** PODE FAZER TODA A DIFERENÇA?

CONVIDE UM ADULTO PARA IR À FEIRA COM VOCÊ E CONSIGA UMA CAIXA DE MADEIRA COM ALGUM FEIRANTE. EM CASA, PINTE CADA RIPA DE MADEIRA DE UMA COR DIFERENTE.

QUANTO **MAIS COLORIDO**, MELHOR!

TARSILA DO AMARAL
CAPIVARI, SP, 1886 | SÃO PAULO, SP, 1973

Você já ouviu falar em *Antropófago*? Ou em *Abaporu*? São algumas das figuras que dão título aos famosos trabalhos de Tarsila do Amaral, uma das primeiras pintoras mulheres do Brasil. Em 1920 Tarsila pintou figuras com características fantásticas e que pareciam vir de sonhos. Índios, florestas, cidades, bichos e lendas foram usados por Tarsila para fazer uma pintura moderna e bem brasileira. Até hoje suas telas representam nossa arte em todo o mundo.

| Abaporu | 1928   óleo sobre tela   58 x 73 cm

Tarsila do Amaral

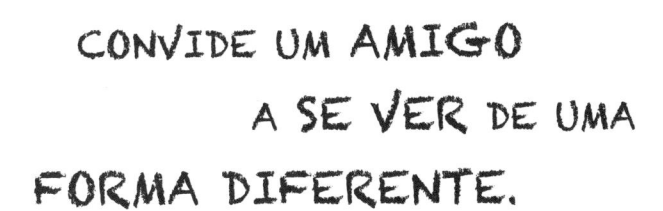

CONVIDE UM AMIGO A **SE VER** DE UMA FORMA DIFERENTE.

DESENHE-O EM UMA PAISAGEM COM AS PROPORÇÕES ALTERADAS, ASSIM COMO FEZ TARSILA DO AMARAL. DEPOIS DE COLORIR O DESENHO, APRESENTE-O AO SEU AMIGO. SÓ NÃO VALE FICAR OFENDIDO!

| Trança III | 1984   chumbo   7 x 4 x 150 cm

TUNGA

PALMARES, PE, 1952 | RIO DE JANEIRO, RJ, 2016

A obra de Tunga é carregada de estranheza e mistério, mas também de encantamento. Suas instalações, esculturas, performances e filmes nos levam a pensar em arqueologia e ciências naturais. Em seus trabalhos, Tunga usava materiais de origem mineral, vegetal e animal, como pedras, ouro, ímãs, fios de cobre, plantas, carvão, cabelo, ferro, vidro e ossos. Também gostava de usar como material certos líquidos cheios de corante que parecem sangue ou urina. Nas esculturas, suas formas favoritas são os sinos, as garrafas, os tacapes e as tranças.

VAMOS COMPETIR COM A RAPUNZEL?

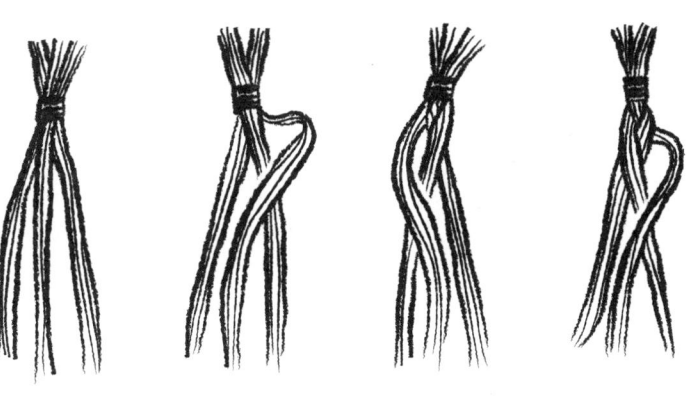

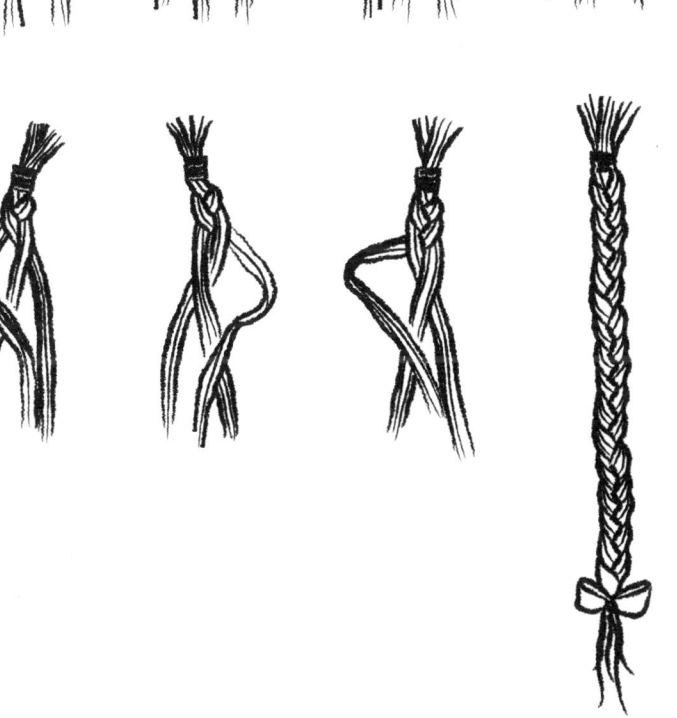

CORTE VÁRIOS FIOS LONGOS DE LÃ OU DE BARBANTE, TODOS DO MESMO TAMANHO. SEPARE EM 3 GRUPOS DE FIOS. EM SEGUIDA, JUNTE E PRENDA AS PONTAS DE CADA GRUPO COM UM ELÁSTICO OU COM UM BARBANTE E COMECE A TRANÇÁ-LOS. VEJA QUÃO LONGA VOCÊ CONSEGUE FAZER A SUA TRANÇA. NO FINAL, PRENDA COM UM LAÇO DE FITA PARA NÃO DESMANCHAR.

| Histórias | 1998   81 unidades de anéis de cobre gravados   5,1 x 27,9 cm cada

VALESKA SOARES

BELO HORIZONTE, MG, 1957

Por meio de seu trabalho, Valeska Soares fala sobre amor, solidão, relacionamentos, encontros, desejos. A artista transfere objetos e elementos que são usados na vida íntima e pessoal para o espaço público das galerias e dos museus, nos fazendo pensar sobre os muitos significados desses objetos. São travesseiros e colchões, copos e xícaras, pratos de bolo, banquinhos e mesas, vasos de jardim e relógios que nos falam sobre o passar do tempo e as relações entre as pessoas. Os livros, seus títulos e suas histórias também estão muito presentes na obra da artista.

Valeska Soares

JÁ PENSOU EM ESPALHAR LITERATURA PELA CIDADE?

PRIMEIRO, SEPARE ALGUMAS TIRAS COMPRIDAS DE PAPEL OU TECIDO. NELAS ESCREVA FRASES OU VERSOS DO SEU LIVRO PREFERIDO. EM SEGUIDA, É SÓ IR PARA A RUA OU ALGUM PARQUE PRÓXIMO E AMARRAR OU GRAMPEAR SUAS PALAVRAS AO REDOR DOS TRONCOS DE VÁRIAS ÁRVORES DIFERENTES.

FAÇA VOCÊ MESMO A SUA INSTALAÇÃO!

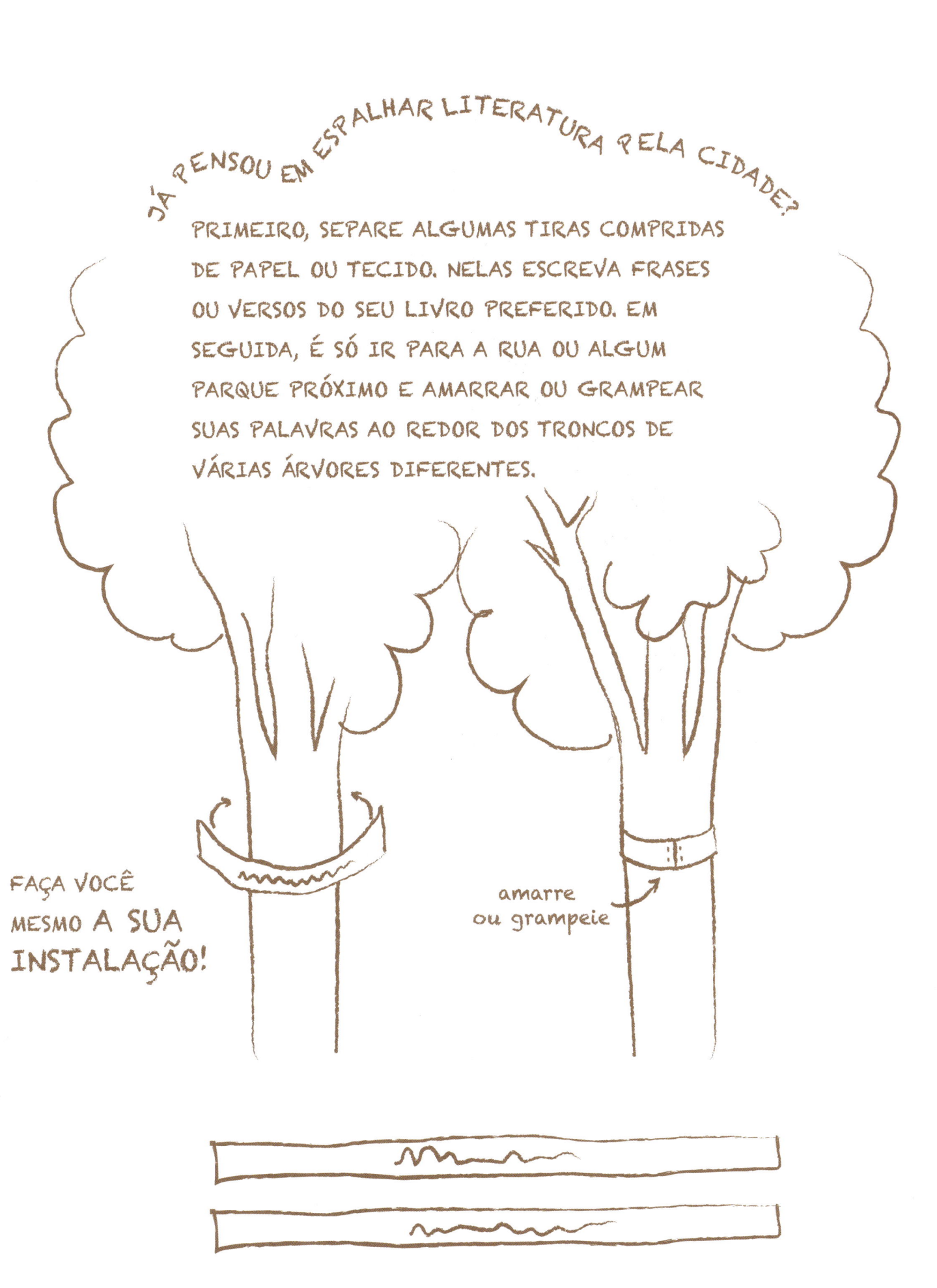

amarre ou grampeie

| **Dançarina** | 1925   escultura em bronze polido   34 x 17 x 7,05 cm

VICTOR BRECHERET

FARNESE, ITÁLIA, 1894 | SÃO PAULO, SP, 1955

Nascido em uma pequena cidade italiana chamada Farnese, o escultor Victor Brecheret veio ainda criança, com a família, morar em São Paulo. Suas esculturas são de grande expressividade, pelo uso das figuras humanas em tensão, alongamento e torções.
O artista e sua obra inspiraram personagens de escritores e poetas modernistas importantes, que com ele participaram da Semana de Arte Moderna de 1922. Mais tarde, fez experimentos estéticos que ligavam a escultura de origem indígena à tradição europeia. Brecheret criou esculturas públicas, como o Monumento às Bandeiras, que demorou 33 anos para ser construído e pode ser visto no Parque do Ibirapuera, na cidade de São Paulo.

VAMOS BRINCAR DE ESTÁTUA?

CHAME SEUS AMIGOS PARA VER QUEM CONSEGUE FICAR MAIS TEMPO PARADO NA MESMA POSIÇÃO DA ESCULTURA AO LADO.

MÃO ESQUERDA

MÃO DIREITA

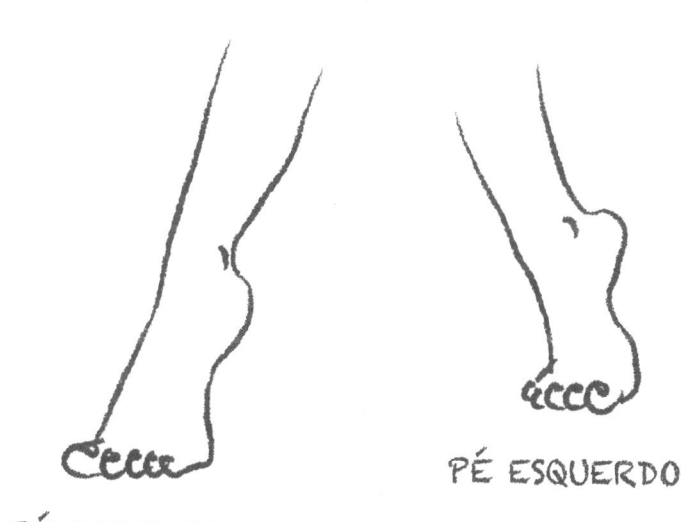

PÉ DIREITO

PÉ ESQUERDO

ESSA ARTE É UMA PARADA!

VIK MUNIZ
SÃO PAULO, SP, 1961

Chocolate, algodão, diamantes, flores, macarrão, recortes de jornais e até lixo são alguns dos materiais usados por Vik Muniz para construir suas composições e depois fotografá-las. Vik recria obras clássicas, personagens da história da arte e outras personalidades, reproduzindo as imagens, mas usando esses materiais inesperados e divertidos. Suas imensas montagens com sucata, assim como suas pinturas feitas com chocolate, formam séries de fotografias que já foram usadas em capas de discos, aberturas de novelas e documentários.

| Double Mona Lisa (Peanut Butter and Jelly) | 1999 cibacromo 76,2 x 101,6 cm

Vik Muniz

PRECISA DA AUTORIZAÇÃO DE UM ADULTO

GELEIA DE LARANJA

CALDA DE CHOCOLATE

GELEIA DE ACEROLA

GELEIA DE MORANGO

PASTA DE AMENDOIM

MOLHO DE TOMATE

GELEIA DE MARACUJÁ

GELEIA DE FRAMBOESA

VOCÊ JÁ REPAROU NA QUANTIDADE DE TINTAS QUE PODE ENCONTRAR NA SUA COZINHA?

EXPERIMENTE AS TONALIDADES DO MOLHO DE TOMATE, DO DOCE DE LEITE, DA GELEIA, DA CALDA DE CHOCOLATE... PEGUE UM PRATO EM BRANCO E COMECE A DESENHAR. OS DEDOS E TALHERES SÃO SEUS PINCÉIS E A COMIDA A SUA TINTA. FAÇA A SUA "MONA LISA" E NÃO DEIXE DE REGISTRAR SUA OBRA DE ARTE.

| Dado no gelo | 1976

WALTERCIO CALDAS
RIO DE JANEIRO, RJ, 1946

As obras de Waltercio Caldas são como jogos mentais entre as coisas reais e as coisas da imaginação, que o artista constrói fazendo uso de espelhos, vidros e linhas desenhadas no espaço. Diversas vezes, palavras avulsas, ou mesmo o título, podem ser lidas no trabalho, fazendo parte da obra. Os trabalhos desse artista conceitual exigem um bocado de reflexão do espectador, desafiando nossa capacidade de ao mesmo tempo ver e pensar sobre os objetos de arte.

Waltercio Caldas

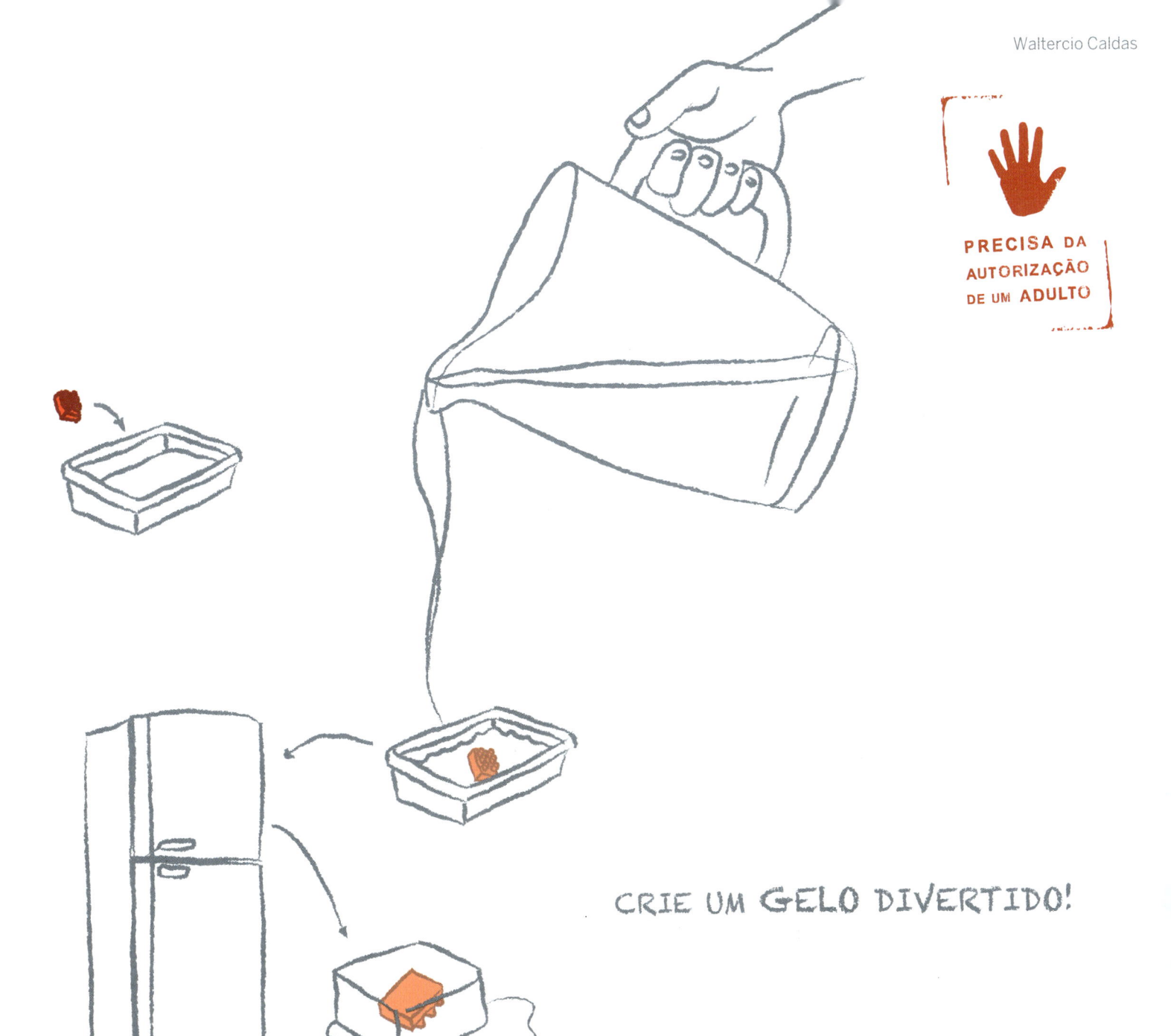

PRECISA DA AUTORIZAÇÃO DE UM ADULTO

CRIE UM GELO DIVERTIDO!

SEPARE UM BRINQUEDO QUE NÃO SEJA MUITO PEQUENO E COLOQUE-O NUM RECIPIENTE QUADRADO QUE POSSA IR AO CONGELADOR. COLOQUE ÁGUA NO RECIPIENTE E LEVE AO FREEZER. QUANDO A ÁGUA CONGELAR, DESENFORME O GELO E VEJA O FRIO QUE SEU BRINQUEDO ESTÁ PASSANDO LÁ DENTRO. TIRE UMA **FOTO E CONGELE A IMAGEM PARA SEMPRE!** DEPOIS VOCÊ PODE COLOCAR SEU GELO NA PIA PARA OBSERVÁ-LO DERRETER BEM LENTAMENTE.

WESLEY DUKE LEE

SÃO PAULO, SP, 1931 | SÃO PAULO, SP, 2010

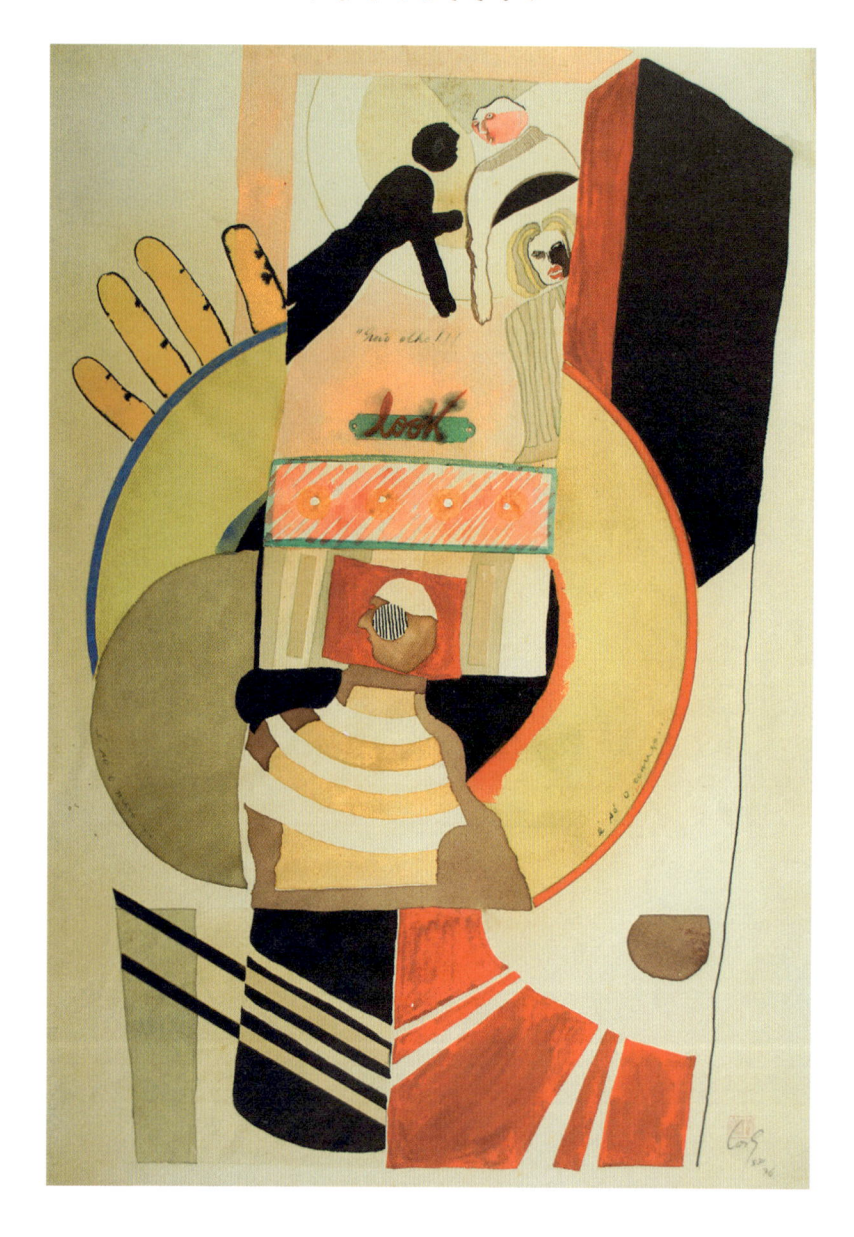

Wesley Duke Lee dialogou criativamente com os grandes movimentos de sua época, os anos 1960, como a Arte pop, e de outras épocas, como o Surrealismo e o Dadaísmo. Ele fez obras que eram como colagens de palavras e imagens pintadas ou recortadas de revistas populares. Duke Lee produzia imagens coloridas e vibrantes, além de incríveis esculturas-ambientes, que ocupavam grandes espaços e podiam ser vistas tanto por fora quanto exploradas por dentro.

| Não olhe!!! É só o meio... É só o começo... | 1957-1976
desenho a nanquim, guache, aquarela e colagem   65 x 45 cm

POR QUE ESCOLHER UMA ÚNICA TÉCNICA QUANDO SE PODE MISTURAR TODAS ELAS EM UMA ÚNICA OBRA DE ARTE?

PARA CRIAR UM QUADRO QUE MOSTRE BEM A DIVERSIDADE DE CORES, TEXTURAS E TAMANHOS DOS MATERIAIS, MUITOS ARTISTAS ESCOLHEM A TÉCNICA MISTA, QUE, COMO O PRÓPRIO NOME JÁ INDICA, CONSISTE EM MISTURAR — EM UM ÚNICO TRABALHO — PINTURA, COLAGEM, DESENHO E O QUE MAIS DER NA TELHA. ESCOLHA TINTAS DE CORES VARIADAS, RECORTES DE PAPEL, E CRIE VOCÊ MESMO, NO ESPAÇO DE UMA FOLHA EM BRANCO, SUA OBRA DE ARTE.

E VIVA A DIFERENÇA!

WILLYS DE CASTRO
UBERLÂNDIA, MG, 1926 | SÃO PAULO, SP, 1988

Willys de Castro criou os "objetos ativos", que são cubos de madeira pintados em três dos seus quatro lados. Uma vez na parede, esses cubos fazem com que a pintura precise ser apreciada de pontos de observação diferentes para que se possa observar o todo. Willys de Castro se interessava também pelos muitos usos da cor nos trabalhos. Além de artista plástico, ele foi poeta, cenógrafo, músico e figurinista, como também um designer pioneiro no país.

| Objeto ativo | 1962   óleo sobre tela colada sobre madeira   25,3 x 25,1 x 25,1 cm

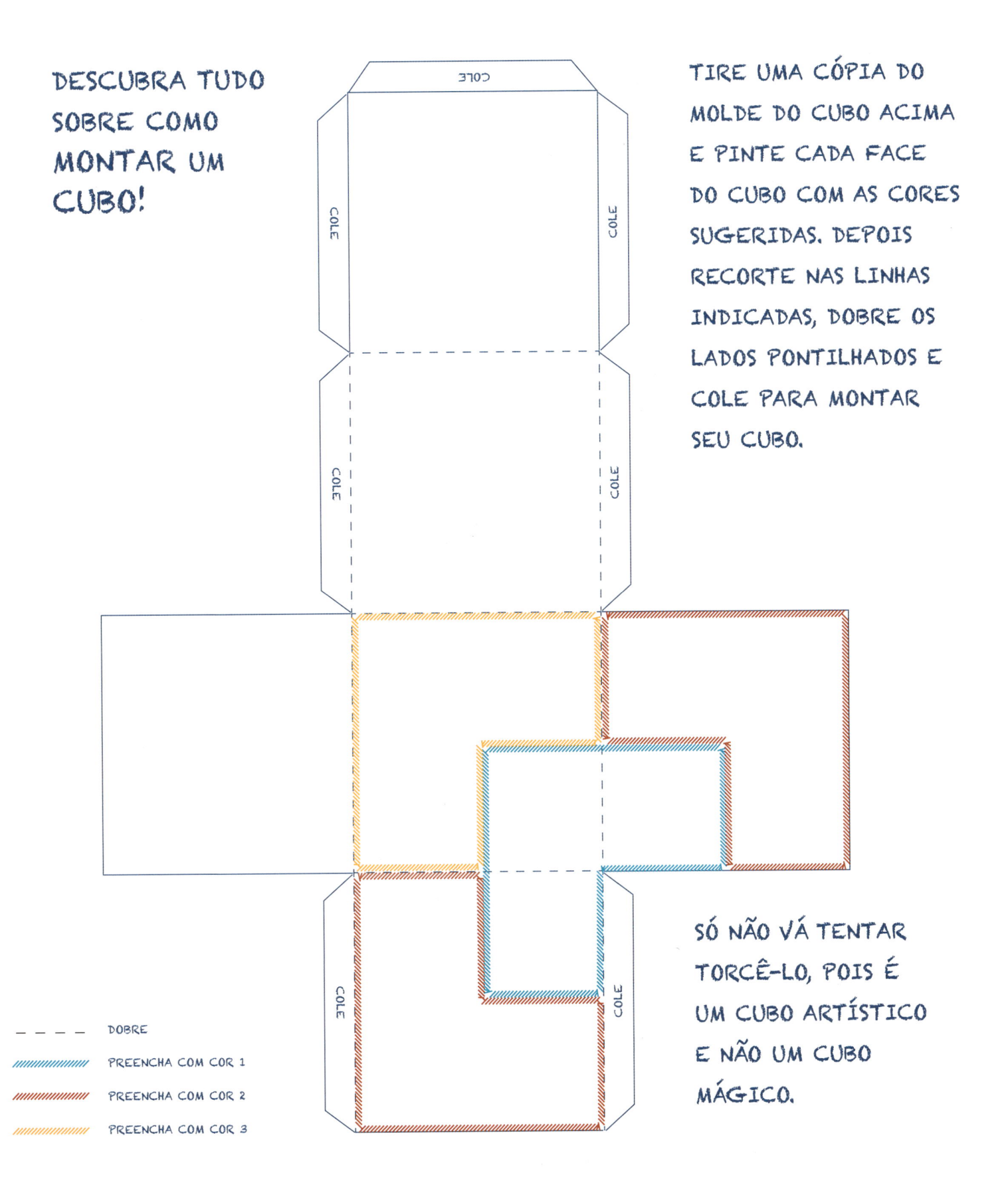

Willys de Castro

DESCUBRA TUDO SOBRE COMO MONTAR UM CUBO!

TIRE UMA CÓPIA DO MOLDE DO CUBO ACIMA E PINTE CADA FACE DO CUBO COM AS CORES SUGERIDAS. DEPOIS RECORTE NAS LINHAS INDICADAS, DOBRE OS LADOS PONTILHADOS E COLE PARA MONTAR SEU CUBO.

SÓ NÃO VÁ TENTAR TORCÊ-LO, POIS É UM CUBO ARTÍSTICO E NÃO UM CUBO MÁGICO.

- - - - DOBRE
////////// PREENCHA COM COR 1
////////// PREENCHA COM COR 2
////////// PREENCHA COM COR 3

GLOSSÁRIO

Afresco é o método de pintura feito sobre tetos e paredes, em que as cores diluídas em água são aplicadas sobre uma cobertura úmida de gesso, ou seja, enquanto o gesso ainda está fresco, para que a tinta seja mais bem absorvida.

Anônimo é o mesmo que desconhecido. É o termo utilizado quando não é possível identificar o autor de uma obra de arte.

Apropriação é quando o artista incorpora em sua obra um objeto pronto que já existia no mundo antes mesmo de sua obra ser feita.

Aquarela é uma técnica de pintura, em geral feita sobre papel, em que se utiliza o pigmento diluído em água para pintar.

Arquitetura é a atividade de desenhar, projetar casas, edifícios, fábricas, escolas, pontes, ruas e tudo o mais que pode ser construído pelo homem nas cidades e no campo.

Arte é a produção consciente de obras, formas ou objetos voltada para um ideal de beleza e harmonia ou para a expressão da subjetividade humana. É a contribuição própria da inteligência e da sensibilidade de um artista. É também o conjunto de manifestações artísticas em determinada época ou lugar.

Arte abstrata ou abstracionismo é a arte em que as imagens não representam nada do mundo visível. Ela é feita livremente com formas, traços e outros elementos que não são figuras ou imagens reconhecíveis.

Arte barroca é um estilo artístico surgido na Europa no século XVII, cujas pinturas, esculturas, arquitetura e artes decorativas têm características marcantes, como o uso de muitos ornamentos, movimentos e curvas, buscando captar e produzir fortes emoções nas pessoas.

Arte clássica é como chamamos as pinturas e esculturas do período da Grécia Antiga e do Império Romano, mas é também como chamamos obras de arte que ficaram muito conhecidas em todo o mundo, ao longo da história da arte.

Arte conceitual é a arte que valoriza os conceitos e os processos de criação mais do que a forma final da obra. O que importa na arte conceitual é a ideia da obra mais do que a própria obra.

Arte concreta ou concretismo é a arte de formas geométricas que pretende apresentar concreta e visualmente as ideias e os conceitos, abandonando a representação da realidade e das emoções, que antes dominavam a arte moderna.

Arte experimental é aquela que incorpora novas práticas e experiências ao trabalho de arte. Em geral, é uma arte original e revolucionária, e produz mudanças nos rumos da história da arte.

Arte expressionista ou expressionismo é um movimento em que o artista procura expressar suas emoções e sensações, e não a realidade objetiva.

Arte figurativa é a arte que representa figuras e imagens de coisas que existem ou são inventadas, mas que são reconhecidas por sua forma. É o contrário da arte abstrata.

Arte geométrica é a arte em que se utiliza em sua composição somente formas geométricas, como círculos, triângulos, quadrados e retângulos.

Arte neoconcreta ou movimento neoconcreto é um movimento criado em resposta ao movimento da arte concreta. Ao contrário dos artistas concretos, que tratavam a arte apenas de forma racional e conceitual, os artistas neoconcretos resolveram incluir novamente a expressão das emoções do artista, e mesmo as do público, na obra de arte.

Arte pop é a arte que utiliza elementos da cultura de massa, como os produtos do supermercado, as estrelas do cinema, os artistas da música, entre outros.

Artesanal é qualquer atividade feita manualmente ou com máquinas rústicas, não industriais.

Arte sonora é a arte feita com sons, silêncios, barulhos, ruídos e músicas.

Artes visuais são as artes que utilizam elementos que precisam ser vistos para serem apreciados, como a pintura, o desenho, a escultura, o design, a fotografia, o cinema, entre outros.

Artista é aquele que produz arte.

Autorretrato é o retrato que o artista faz de si mesmo, seja qual for a técnica.

Body art é a arte em que o corpo do próprio artista, ou de outra pessoa escolhida pelo artista, serve como suporte da obra de arte.

Bordado é a técnica de criar desenhos nos tecidos por meio da costura, com linhas, a mão ou a máquina.

Cenógrafo é o artista que cria e constrói os cenários de peças de teatro, espetáculos de dança e música, filmes e exposições.

Composição é o modo como o artista escolhe organizar os elementos na obra, o jeito como ele arruma as partes que compõem cada trabalho de arte.

Compositor é o artista que escreve música, ou mesmo apenas a melodia ou a letra de uma música.

Consagrado é algo ou alguém que obteve grande sucesso e reconhecimento.

Contemplar é olhar para alguma coisa com olhos interessados, observar e apreciar sem nenhuma pressa.

Contraste é a diferença entre os elementos visuais de uma imagem, podendo ser a diferença entre as cores ou entre as intensidades de luz. Quanto maior o contraste, maior a diferença entre os elementos.

Criticar é fazer a análise de um determinado elemento ou obra, ressaltando suas singularidades e tudo o mais que a obra tenha de especial ou que tenha em comum com outras obras.

Crítico de arte é o profissional que analisa e reflete sobre as obras de arte, produzindo pensamentos a respeito dos artistas, das obras, dos movimentos artísticos e tudo mais relacionado à arte.

Cultura é o conjunto de costumes, práticas e conhecimentos, o saber de uma pessoa ou de um determinado grupo social.

Cultura afro-brasileira é o conjunto de costumes, práticas e conhecimentos trazidos pelos negros africanos que chegaram ao Brasil, na época da colonização, e que se misturaram à cultura indígena e às demais culturas de imigrantes que aqui chegaram, formando a base da cultura brasileira.

Cultura de massa é um modo de circulação de cultura apoiado nos grandes meios de comunicação, como a televisão, o cinema e a internet. Na cultura de massa, um grande número de pessoas tem igualmente acesso aos mesmos produtos, imagens, ideias e padrões de comportamento.

Cultura indígena é toda a produção material e imaterial dos diferentes grupos indígenas. Mas é importante ressaltar que cada grupo possui suas tradições musicais, religiosas, de festas, artesanato, entre outras.

Cultura popular é toda manifestação artística que tem a participação do povo. A cultura popular tem forte ligação com o folclore e as festas populares.

Dadaísmo é um movimento artístico que surgiu na época da Primeira Guerra Mundial e rompeu com todas as expectativas ao não produzir obras que tinham significados aleatórios, como, por exemplo, os trabalhos de "escrita automática", em que várias palavras eram colocadas sem pensar, ao acaso, uma depois da outra, formando frases sem sentido.

Degradê é uma sequência de tons de uma mesma cor feita ao se misturar aos poucos o branco a essa determinada cor. Desse modo a cor vai perdendo intensidade, ficando gradativamente mais clara.

Desenho é a técnica de riscar o papel ou outro suporte por meios gráficos, produzindo uma imagem. A imagem que é produzida também é chamada de desenho.

Design de móveis é o processo de idealizar, desenhar e produzir um móvel. Levando em conta tanto a utilidade quanto a beleza, o designer de móveis pode transformar uma mesa ou uma cadeira, por exemplo, em uma verdadeira obra de arte.

Designer é o profissional que faz o desenho artístico e funcional de um projeto, seja ele uma roupa, um livro, um cartaz, uma embalagem de produto, entre outros.

Dimensão é o tamanho da obra, ou melhor, é o espaço que uma obra ocupa de acordo com a sua altura, largura e profundidade.

Diretor de teatro é o profissional que idealiza e coordena o modo como o espetáculo de teatro será feito. Ele também pode ser chamado de encenador.

Efeitos cromáticos são os efeitos criados a partir da manipulação das cores, a partir do modo como são usadas as cores.

Efeitos visuais são os efeitos criados para serem vistos.

Enquadramento é o termo usado para indicar o espaço escolhido pelo artista para delimitar a imagem da obra. Enquadrar significa colocar dentro do quadro.

Escritor é o artista das palavras, que escreve livros, textos, histórias ou poemas.

Escultórico é tudo aquilo relativo ou próprio da escultura.

Escultura é a obra de arte tridimensional. É uma obra com volumes ou relevos.

Glossário

Esculturas públicas são as esculturas que ficam espalhadas pela cidade, tornando-se parte do espaço urbano.

Espaço expositivo é o lugar onde as obras de arte são apresentadas para o público. Podem ser museus ou galerias de arte, mas também podem ser espaços que em geral são utilizados para outras finalidades e que numa dada ocasião são destinados a apresentar trabalhos de arte.

Espaço urbano é o espaço das cidades.

Espectador é a pessoa que assiste a qualquer tipo de manifestação artística. Os vários espectadores formam o público de uma obra.

Estilo é a forma específica, o modo particular que um artista ou um determinado grupo de artistas encontra para desenvolver a sua arte.

Estúdio é o local onde o artista trabalha, criando suas obras. Também é chamado de ateliê.

Experiência sensorial é a experiência que envolve um ou mais dos nossos sentidos: visão, audição, olfato, paladar e tato.

Exposição é o conjunto de objetos reunidos e expostos para visitação pública.

Ex-votos é um objeto religioso dado como oferenda aos santos por aqueles que querem agradecer uma bênção ou renovar uma promessa. Os ex-votos têm a forma da parte do corpo para a qual o devoto pede a cura, e podem ser objetos, desenhos ou pinturas.

Ferrugem é o resultado do contato do ferro com o oxigênio, em lugar úmido, ao longo do tempo. A ferrugem é aquela aparência vermelho-alaranjada que os objetos de ferro ganham quando vão envelhecendo.

Figuração é a representação por meios gráficos de uma forma ou do contorno de uma figura.

Figurinista é o profissional responsável pela criação das roupas de um espetáculo de cinema, televisão ou teatro.

Formas geométricas são formas inventadas matematicamente pelo pensamento do homem, como por exemplo: o círculo, o quadrado, o triângulo, o cilindro, o cone, o cubo, entre outros.

Fotocópia é a reprodução de uma imagem feita a partir de uma máquina fotocopiadora, como uma máquina de xerox ou uma impressora.

Fotografia é a arte ou o processo de reproduzir imagens sobre uma superfície fotossensível, ou seja, sobre uma superfície sensível à luz. A imagem produzida através desse processo também é chamada de fotografia.

Fotografia clichê é uma técnica de impressão em que é usada uma placa de metal, com imagem e/ou dizeres em relevo, destinada à impressão em máquina tipográfica.

Fotogravura é a gravura feita a partir de fotografias.

Fotomontagem é o processo de composição de uma imagem a partir de uma ou mais fotografias.

Fruição é o ato, o processo ou o efeito de fruir, de aproveitar algo de maneira prazerosa e satisfatória, de observar com deleite.

Galeria de arte é o local onde as obras de arte são apresentadas ao público, tanto para serem vistas como para serem vendidas.

Gambiarra é quando se faz um conserto de algo quebrado com certo improviso de peças e materiais. Essa expressão também é usada para falar de todas aquelas soluções que são feitas de modo precário, para "dar um jeitinho".

Gesto do artista é todo movimento feito pelo artista que fica registrado na obra, que é possível perceber pelas marcas deixadas na obra, como a marca dos dedos numa escultura modelada ou as marcas do pincel numa pintura. Pode ser também entendido, de modo mais amplo, como toda atitude tomada por um artista.

Glossário é a parte de um livro em que os termos mais importantes ou pouco conhecidos são apresentados e explicados, como num dicionário. Um bom exemplo é este glossário que você está lendo agora mesmo!

Grafite é a arte feita nos muros da cidade. Em geral, são palavras e desenhos coloridos, pintados com spray de tinta. É uma arte considerada rebelde, que por vezes é realizada mesmo em lugares em que é proibido por lei que os espaços públicos sejam pintados.

Gravura é um processo em que uma figura pode ser repetida diversas vezes a partir de uma determinada técnica. É produzida uma primeira figura feita, por exemplo, de madeira, metal ou outro material, e a partir dessa matriz podem ser feitas diversas cópias.

História da arte é o ramo da história que estuda as produções artísticas do homem desde a pré-história até os dias de hoje, sempre levando em conta a relação entre cada período de tempo e a estética das obras de arte que nele foram produzidas.

Horizontal é uma linha reta imaginária que segue o horizonte, ou seja, que se prolonga para os lados, para a esquerda e para a direita. Quando algo está na horizontal, podemos dizer que é como se estivesse deitado.

Ilusão de ótica é quando uma imagem engana o olhar, fazendo com que sejam vistas coisas que não estão de fato na imagem, ou quando podem ser vistas de mais de uma maneira.

Ilustração são os desenhos ou as figuras que acompanham e complementam um texto.

Imaginário é um conjunto de coisas que não existem na realidade, mas sim no mundo da imaginação.

Impressão é a técnica de transferir qualquer tipo de conteúdo, como imagens, traços ou palavras, para qualquer tipo de suporte, como um livro, um tecido, uma placa de madeira, entre outros.

Improviso é aquilo que é feito sem que esteja planejado antes, sem ensaio ou preparação.

Instalação é uma forma de arte que ocupa o ambiente, o espaço, com objetos tridimensionais e diversos elementos.

Intervenção artística é quando a arte interfere no espaço em que é apresentada, modificando-o, mesmo que apenas pelo período de apresentação da obra.

Intervenção urbana é quando a arte interfere no espaço urbano em que é apresentada, quando ela muda de alguma forma uma parte da cidade, mesmo que apenas pelo período de apresentação da obra.

Lápis grafite é aquele que usamos para escrever. O grafite pode ser usado também sem a madeira que forma o lápis, ou seja, apenas como um bastão.

Livro de artista é uma obra de arte apresentada na forma de um livro. Pode ser até mesmo um livro único ou com poucas cópias. Por vezes o artista interfere manualmente em cada uma das cópias de seu livro de artista.

Livro de cordel é um livrinho típico da cultura literária popular do nordeste do Brasil. Eles são sempre rimados, contam uma única história e são exibidos nas feiras pendurados em cordas.

Livro-objeto é quando um livro faz mais do que apresentar imagens ou textos e torna-se uma obra de arte em si mesma. Em geral é um livro único ou com pouquíssimas cópias.

Logomarca é a representação gráfica de uma marca, que em geral traz o símbolo e o nome do produto ou da empresa. Também é chamado apenas de logo.

Manta de fibra de vidro é um material composto de uma mistura de vidro e plástico. Muito resistente e maleável, ele é utilizado em construções e também na composição de aviões e até de pranchas de surfe.

Manufaturar é o mesmo que fazer com as mãos.

Maquete é um modelo em miniatura de uma estrutura ou de um espaço, como uma casa ou uma cidade. Em geral, os arquitetos e engenheiros utilizam maquetes para visualizar suas construções durante o processo de trabalho. Alguns artistas também fazem maquetes de suas esculturas ou instalações antes de construir a obra em si no tamanho que terá de verdade.

Materiais oxidáveis são os materiais capazes de enferrujar quando ficam muito tempo em contato com o oxigênio da água ou do ar.

Mestre é um grande conhecedor de um determinado assunto, seja nas artes ou em outras áreas. É aquele que ensina sobre determinado saber. Diversos artistas têm mestres que admiram e seguem como modelo para seu trabalho.

Metamorfose é a transformação completa da forma ou da estrutura de algo. Esse termo vem da biologia, e serve para nomear a mudança no corpo de certos animais durante seu ciclo de vida, como a transformação do girino em sapo.

Mitologia é o conjunto de narrativas, muito antigas, criadas pelos homens para explicar e entender o mundo em que vivem e os demais mundos possíveis.

Modelo é aquilo ou aquele que serve como referência, um molde, um exemplo a ser seguido. É também como chamamos a pessoa que posa para o artista fazer uma pintura, uma escultura, um desenho ou uma foto.

Modernismo foi um movimento artístico e cultural que surgiu no início do século XX e mudou radicalmente o jeito de se fazer arte e pensar a cultura. No Brasil, as ideias introduzidas pelos movimentos artísticos europeus foram assimiladas pelos artistas e misturadas aos elementos da cultura brasileira. A Semana de Arte Moderna de 1922 ficou conhecida como a estreia revolucionária do modernismo no Brasil.

Monocromático é a característica daquilo que apresenta uma única cor, ainda que esta cor possa variar em diversos tons.

Monotipia é uma técnica de impressão em que se prepara um desenho-modelo com tinta sobre uma superfície para criar reproduções a partir dele, quase como um carimbo. Essas cópias ficam sempre um pouco diferentes umas das outras, pois cada uma absorve a tinta a sua maneira.

Monumental é o mesmo que grandioso. É o que se diz daquilo que tem a importância de um monumento ou tem a grandiosidade de um.

Mosaico é uma imagem construída com diversos pedacinhos coloridos de azulejos, pedras ou outros materiais sobre uma superfície, formando um desenho. Em geral é feito como um painel ou mural.

Multimídia é a combinação de variadas técnicas para a elaboração de uma obra. Pode-se juntar pintura e escultura com vídeo, foto, som, entre outras técnicas. O artista multimídia é o artista que faz uso de múltiplas técnicas no processo de construção do trabalho.

Mural é a pintura, a fotografia ou o desenho, de grandes proporções, feito em muros, paredes ou painéis.

Museu é uma instituição que possui um acervo de obras de arte ou de objetos relevantes de uma determinada área, ou que tenham valor histórico. Seu papel é preservar e exibir essas obras de artes e objetos de interesse comum para a sociedade.

Natureza-morta é um gênero de pintura em que são representados elementos da natureza, coisas ou seres inanimados, como frutas, legumes, flores, louças, vasos, garrafas, entre outros objetos.

Negativo ou negativo fotográfico é o nome dado ao material original de uma fotografia analógica, a partir do qual são feitas as cópias desta foto. Ele é chamado desse modo por ter as cores e os contrastes inversos aos da fotografia quando vista no papel. As fotos digitais, que surgiram nas últimas décadas, não precisam mais de negativos, elas já são os originais de onde se fazem as cópias.

Objeto cinético é um objeto que se move, constantemente, através de algum mecanismo. Essas obras de arte se movimentam por meio de motores ou de eletroímãs.

Objeto tridimensional é um objeto que possui as três dimensões, ou seja, altura, largura e profundidade.

Obra de arte é o nome que se dá a um trabalho artístico. Ela pode ser uma pintura, uma escultura, uma fotografia, mas também uma música, um livro, uma peça de teatro, um filme, um espetáculo de dança, entre outros. Ou pode ser, ainda, aquilo que o artista, ou você mesmo, inventar!

Obras de protesto são obras de arte que incorporam ou apresentam manifestações políticas. Em geral, essas obras tratam de questões como liberdade, justiça social, e têm o propósito de denunciar abusos dos governos ou preconceitos da sociedade.

Ornamentos ou formas ornamentais são os elementos que enfeitam uma obra.

Óxido de ferro é o nome científico da ferrugem, ou do pó de ferro que também pode ser usado como pigmento para pintura. Esse material, entre outros pigmentos, já era usado pelos homens pré-históricos para fazer pinturas rupestres nas cavernas.

Padrão ou padronagem é o conjunto de desenhos, tramas, cores e elementos que se repetem, criando uma estampa num tecido ou tela.

Painel é uma obra artística ou decorativa, como um mural, que recobre toda uma parede ou parte dela.

Paisagismo é a arte e a técnica de organizar um jardim ou uma praça de modo a criar a paisagem desejada, seja no espaço urbano, numa área externa de uma construção ou mesmo dentro de um ambiente fechado.

Paleta é uma placa oval de madeira, que tem um buraco para encaixar o polegar, sobre a qual os pintores colocam e misturam suas tintas. Esse nome também é usado para indicar a gama de cores preferida por determinado artista.

Performance é uma apresentação artística feita ao vivo para os espectadores. Ela pode ser executada pelo próprio artista que a criou ou por outras pessoas, escolhidas pelo artista para realizá-la. Para rever uma performance é preciso que ela tenha sido gravada, ou ela só poderá ser revista se for feita uma outra vez.

Personagem é alguém que faz parte de uma história. Pode ser uma pessoa inventada, mas pode também ser alguém que viveu ou ainda vive de verdade. O personagem pode ainda ser um animal, um objeto ou um lugar.

Perspectiva é a técnica de representar elementos tridimensionais, dando a ilusão de profundidade, utilizando elementos maiores no primeiro plano e menores a medida que queremos que pareçam mais distantes.

Pesquisador é o profissional que realiza uma pesquisa, um estudo, uma exploração, uma investigação, seja ela material, artística ou filosófica.

Pictórico é tudo aquilo que é relativo ou próprio da pintura.

Pigmento é um material capaz de dar cor, de tingir. Ele pode ser usado como tinta ou apenas fazer parte da fórmula de uma tinta.

Pintura é a arte de compor imagens aplicando tinta, pigmentos ou outros materiais sobre uma superfície.

Pioneira é a primeira pessoa a realizar determinada coisa.

Polido é o mesmo que liso, lixado, aparado, ou seja, sem pontas, quinas ou arestas.

Posar é ficar imóvel numa determinada posição para ser fotografado ou para que seja feito um retrato em desenho ou pintura, ou mesmo para que seja modelada uma escultura a sua semelhança.

Glossário

Proporção é a relação entre os tamanhos e as medidas de um objeto, elemento ou lugar. Quando duas coisas têm as mesmas proporções, suas partes têm a mesma relação entre os tamanhos, ainda que o todo de uma possa ser um pouco maior ou menor que a da outra.

Realismo é o estilo artístico que valoriza e pretende representar a própria realidade.

Referência é quando há a citação de alguma outra coisa ou obra, dentro do trabalho. É quando se menciona algo que já foi feito ou dito por outro artista.

Relevo é um termo que vem da geografia para nomear as formas da superfície da terra, seus altos e baixos. Em arte, é usado para denotar as diferenças na superfície de uma obra, principalmente na escultura, onde a forma não é plana.

Resina é uma substância que algumas plantas produzem quando são feridas que ajuda na sua cicatrização. As resinas são usadas pelo homem na fabricação de diversos produtos e até na arte. Hoje, também existem resinas sintéticas, ou seja, feitas pela indústria.

Retrato é um tipo de pintura em que uma pessoa é representada. Também chamamos de retrato a fotografia de uma pessoa.

Semana de Arte Moderna de 1922 foi um evento que ocorreu em São Paulo e marcou o surgimento do Modernismo no Brasil. Cada dia se dedicou a uma arte diferente, e, por ser um tanto revolucionário para o pensamento da época, o evento foi mal recebido pelo público, que demorou para entender a proposta inovadora dos artistas. Foi um marco histórico, mudando os rumos da arte no Brasil.

Série é um conjunto de obras que um artista faz, em que os trabalhos se relacionam entre si. Muitos fotógrafos fazem séries fotográficas, com fotos de um mesmo lugar ou sobre um determinado assunto, mas as séries podem também ser de pintura, de esculturas etc.

Serigrafia é uma técnica de impressão na qual a tinta vaza de uma tela para outra pressionada por um rodo em um molde preparado. Também é conhecida como silk-screen.

Sobreposição é quando se coloca uma coisa por cima da outra. Em arte, pode significar a produção de uma imagem por cima de outra já existente. Também pode se referir a desenhar ou pintar uma coisa na frente da outra, dando noção de profundidade à imagem.

Superfície é a pele das coisas, a parte de fora dos corpos, a parte que podemos ver. E é sobre diferentes tipos de superfície que muitos artistas fazem seus trabalhos.

Super-8 é um formato de película cinematográfica que foi muito popular nos anos 1960, principalmente entre cineastas amadores e artistas, mas também na produção de filmes caseiros.

Suporte é o material sobre o qual a obra é feita. Pode ser também o meio com que a obra é realizada, no caso da fotografia, do vídeo, entre outras tecnologias.

Surrealismo é um movimento artístico que surgiu no começo do século XX, muito influenciado pela noção de que a mente do homem possui uma parte inconsciente (descoberta feita por Freud, médico e neurologista, criador da psicanálise), sobre a qual não temos pleno acesso ou controle. Este movimento se caracterizava pela expressão espontânea e automática dos pensamentos, valorizando o sonho, o instinto, o desejo.

Tamanho natural é o tamanho que uma coisa tem no mundo real. Uma pintura ou escultura que retrata uma pessoa em tamanho natural mostra essa pessoa do exato tamanho e proporção que ela de fato tem.

Técnica é o conjunto de procedimentos usados pelo artista para realizar seu trabalho.

Técnica mista é quando duas ou mais técnicas são usadas na realização de uma mesma obra de arte.

Tela é o suporte tradicionalmente usado na pintura. Em geral, a tela é feita de um tecido que é fixado numa moldura de madeira.

Têmpera é o ato ou o efeito de temperar uma substância. Na pintura, esse nome é dado ao material produzido a partir da mistura de pigmentos e outros materiais à gema do ovo, ou mesmo ao ovo inteiro, formando um tipo de tinta muito usado nos séculos XIV e XV na Europa, em geral, para a pintura de afrescos e painéis de madeira e gesso.

Terracota é uma técnica que utiliza a argila que, depois de moldada, é cozida no forno para fazer esculturas e objetos. Os produtos deste processo também são chamados de terracota.

Tinta é uma substância em estado líquido ou pastoso usada para pintar, tingir, escrever ou imprimir.

Título é o nome que o artista escolhe para batizar cada uma de suas obras.

Tom é o termo usado para indicar a qualidade e a intensidade de uma cor em suas diversas gradações e nuances. O tom é o resultado da mistura de uma dada cor com o branco, o preto, ou mesmo outras cores.

Traços são as linhas de um desenho feitas pelo artista.

Urbanismo é a área do saber que estuda, planeja e pensa as cidades, o espaço urbano.

Vertical é uma linha reta imaginária que corta ao meio o horizonte, ou seja, que se prolonga para cima e para baixo. Quando algo está na vertical, podemos dizer que é como se estivesse em pé.

Vídeo é um suporte para gravação de imagem e som, muito usado para registrar performances desde os anos 1970. O vídeo utiliza meios analógicos ou digitais e não precisa de negativo, como os filmes de cinema.

Videoarte é como são chamadas as obras de arte feitas em vídeo.

Visualidade da obra é a parte visível de uma obra de arte, para ser percebida com os olhos.

Volume é o espaço ocupado por um corpo. Quanto maior o volume de um objeto, mais espaço ele ocupa.

Xilogravura é a arte e a técnica de fazer gravura sobre madeira. A partir do molde de madeira em relevo são produzidas as cópias.

© Editora de Livros Cobogó

Ideia original
Mini Kerti

Criação das atividades
Isabel Diegues
Marcia Fortes
Mini Kerti
Priscila Lopes

Texto das atividades
Lucas Viriato

Biografias
Frederico Coelho
Isabel Diegues
Mariana Patrício

Edição e textos adicionais
Fabiana Werneck Barcinski
Isabel Diegues
Lucas Viriato
Marcia Fortes
Mariah Schwartz
Mini Kerti

Projeto gráfico
Priscila Lopes

Ilustrações
Juliana Montenegro

Gerente de produção
Melina Bial

Produção editorial
Mariah Schwartz

Licenciamento
Andressa Rodrigues

Assistentes de produção
Catarina Lins
Constanza de Córdova
Juliana Faria
Vanessa Gouveia

Revisão final
Eduardo Carneiro

Tratamento e provas de imagem
Trio Studio

Acompanhamento gráfico
Lilia Góes

Impressão gráfica
RR Donnelley

Agradecimentos
Ana Maria Machado
Laura Moritz
Ligia Giudici
Tiago Mesquita
Aos nossos filhos Ana, Antonia, Benedita, João,
José, Lívia, Rita, Roque, Theo, Vicente e Violeta
E a todos os artistas, instituições e galerias
que colaboraram com a realização deste livro.

Coleções e Cortesias

Acervo Alex Vallauri, p. 14

Acervo da Pinacoteca do Estado de São Paulo — Doação de Hércules Barsotti, 2001, p. 206

Acervo do Projeto Portinari, Rio de Janeiro — Reprodução autorizada por João Candido Portinari, p. 46

Acervo Instituto Mario Cravo Neto, Salvador, p. 150

Acervo UH/Folhapress, São Paulo, p. 78

Coleção Dimitris Daskalopoulus, Atenas, p. 112

Coleção Gilberto Chateaubriand MAM RJ, p. 86, 100

Coleção Inhotim, Brumadinho, p. 74, 66

Coleção Maria Coussirat Camargo / Fundação Iberê Camargo, Porto Alegre, p. 92

Coleção Moacyr e Celina Monteiro, São Paulo, p. 164

Coleção Mônica e George Kornis, Rio de Janeiro, p. 84

Coleção MOT | Museum of Contemporary Art Tokyo, Tóquio, p. 40

Coleção Museu Bispo do Rosário Arte Contemporânea / Prefeitura da cidade do Rio de Janeiro, p. 34

Coleção Museu de Arte Contemporânea da Universidade de São Paulo, p. 18, 98

Coleção Museo de Arte Latinoamericano de Buenos Aires, p. 192

Cortesia AM Galeria de Arte, Belo Horizonte, p. 80

Cortesia Chelpa Ferro e Progetti, Rio de Janeiro, p. 56

Cortesia Galeria Luisa Strina, São Paulo, p. 16, 28, 32, 44, 58, 76, 106, 120, 142, 146

Cortesia Galeria Fortes Vilaça, São Paulo, p. 10, 38, 40, 68, 72, 74, 96, 100, 102, 104, 112, 124, 132, 134, 125, 160, 174, 196

Cortesia Galeria Millan, São Paulo, p. 64, 116, 126, 154, 166, 178, 194

Licenciado por inArts.com, p. 20, 30, 182

© MUNIZ, Vik / Licenciado por AUTVIS, Brasil, 2014, p. 200

© 2014 Digital image, The Museum of Modern Art, New York/Scala, Florence, p. 148

© Projeto Lygia Pape, Rio de Janeiro, p. 138

Fotografia

Adriano Franco, p. 118

Andreas Valentin, p. 90

Antônio Saggese, p. 116

Beatriz Cunha, p. 158

Beto Felício, p. 168

Cesar Caldas, p. 202

Ding Musa, p. 140, 164

Edgar César Filho, p. 36

Eduardo Câmara, p. 106

Eduardo Eckenfels, p. 10, 58

Eduardo Ortega, p. 12, 64, 72, 74, 96, 102, 132, 160, 178, 190

Edouard Fraipont, p. 16, 44, 70, 128, 142

Everton Ballardin, p. 122, 184

Fabiana de Barros, p. 82

Fausto Fleury, p. 40

Fábio Del Re_VivaFoto, p. 92

Fábio Vidigal, p. 38

Flávio Lamenha, p. 114

Haruyoshi Ono, p. 176

Henri Virgil Sthal, p. 28

Isabella Matheus, p. 206

Jaime Acioli, p. 100, 170

Januário Garcia, p. 26

João Marcos Moreira, p. 204

João Musa, p. 124

Zomar Bragança, p. 80

Leonardo Crescenti, p. 24

Maria Camargo, p. 186

Marian Harders, p. 196

Mario Caillaux de Oliveira, p. 32

Paula Pape, p. 138

Pedro Motta, p. 66

Rafael Quintino, p. 188

Rivane Neuenschwander e Jochen Volz, p. 174

Roberto Cecato, p. 30

Rodrigo Lopes, p. 34, 42

Romulo Fialdini, p. 156, 172, 192, 198

Roni Hansen, p. 76

Ruy Teixeira, p. 126

Sergio Zalis, p. 94

Thierry Ball, p. 112

Uwe Walter, p. 60

Vicente de Mello, p. 86, 68, 134, 166

Wilton Montenegro, p. 194

CIP-Brasil. Catalogação na Publicação
Sindicato Nacional dos Editores de Livros, RJ

A825

Arte brasileira para crianças / Isabel Diegues ...[et. al] . - 1. ed. - Rio de Janeiro : Cobogó, 2016. 224 p. : il.

ISBN 9788555910159

1. Arte brasileira. 2. Crianças. I. Diegues, Isabel.

16-35919   CDD: 709.81   CDU: 709.81

Todos os esforços foram feitos para a obtenção das autorizações das imagens reproduzidas neste livro. Caso ocorra alguma omissão, os direitos encontram-se reservados aos seus titulares.

Este livro segue as normas do acordo ortográfico da língua portuguesa de 1990, em vigor no Brasil desde 2009.

Todos os direitos desta publicação reservados à
Editora de Livros Cobogó Ltda.
Rua Gen. Dionísio, 53 - Humaitá
Rio de Janeiro - RJ - 22271-050
www.cobogo.com.br

[2024] 5ª reimpressão

Este livro foi composto em Benton Sans, Chalkduster e Peixe Frito. Impresso pela Gráfica Pifferprint sobre papel offset 120 g/m² para a Editora Cobogó.